Gulliver's Travels

걸리버 여행기

걸리버 여행기

First edition: January 2010

TEL (02)2000-0515 | FAX (02)2271-0172
ISBN 978-89-17-23764-1

YBM Reading Library 는...

쉬운 영어로 문학 작품을 즐기면서 영어 실력을 크게 향상시킬 수 있도록 개발된 독해력 완성 프로젝트입니다. 전 세계 어린이와 청소년들에게 재미와 감동을 주는 세계의 명작을 이제 영어로 읽으세요. 원작에 보다 가까이 다가가는 재미와 명작의 깊이를 느낄 수 있을 거예요.

350 단어에서 1800 단어까지 6단계로 나누어져 있어 초·중·고 어느 수준에서나 자신이 좋아하는 스토리를 골라 읽을 수 있고, 눈에 쉽게 들어오는 기본 문장을 바탕으로 활용도가 높고 세련된 영어 표현을 구사하기 때문에 쉽게 읽으면서 영어의 맛을 느낄 수 있습니다. 상세한 해설과 흥미로운 학습 정보, 퀴즈 등이 곳곳에 숨어 있어 학습 효과를 더욱 높일 수 있습니다.

이야기의 분위기를 멋지게 재현해 주는 삽화를 보면서 재미있는 이야기를 읽고, 전문 성우들의 박진감 있는 연기로 스토리를 반복해서 듣다 보면 리스닝 실력까지 크게 향상됩니다.

세계의 명작을 읽는 재미와 영어 실력 완성의 기쁨을 마음껏 맛보고 싶다면, YBM Reading Library와 함께 지금 출발하세요!

YBM Reading Library

책을 읽기 전에 가볍게 워밍업을 한 다음, 재미있게 스토리를 읽고, 다 읽고 난 후 주요
구문과 리스닝까지 꼭꼭 다지는 3단계 리딩 전략! YBM Reading Library, 이렇게 활용
하세요.

Before the Story

Words in the Story
스토리에 들어가기 전,
주요 단어를 맛보며 이야기의
분위기를 느껴 보세요~

In the Story

★ 스토리
재미있는 스토리를 읽어요. 잘 모른다고
멈추지 마세요. 한 페이지, 또는 한 chapter를
끝까지 읽으면서 흐름을 파악하세요.

★★ 단어 및 구문 설명
어려운 단어나 문장을 마주쳤을 때,
그 뜻이 알고 싶다면 여기를 보세요.
나중에 꼭 외우는 것은 기본이죠.

CHAPTER 2

Life in Lilliput
릴리푸트에서의 생활

The next day, I came out of the church and looked
around. The country of Lilliput looked like a small
flower garden.
Fields of wheat and corn surrounded the town.
In the distance, I saw areas of woodland.
The biggest trees were only seven feet tall! 숲속 나무의 가장 큰 나무가 210센티미터 정도예요.
Across the road from the church, there was a very
big, little house. 숲의 규모치고는 크고 정말하게까지 한마디 의미했을까?
★ The King and some of his lords gathered on its roof.
"They're watching me," I thought. "I wonder what
they're planning!"

★★ ○ come out of ~로부터 나오다   ○ woodland 삼림지
○ look around 둘러보다   ○ lord 귀족
○ wheat 밀   ○ gather 모이다
○ corn 옥수수   ○ suit 옷, 의복
○ surround ~을 둘러싸다

1 order + 목적어(A) + to + 동사원형(B) A에게 B하라고 명령하다
Then he ordered his people to make me a bed with six hundred
Lilliputian mattresses. 그런 다음 그는 사람들에게 릴리푸트의 매트리스 600개요
나에게 침대를 만들어 주라고 명령했다.

28 · Gulliver's Travels

★★★ 돌발 퀴즈
스토리를 잘 파악하고
있는지 궁금하면 돌발 퀴즈로
잠깐 확인해 보세요.

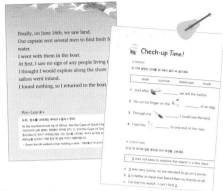

Finally, on June 16th, we saw land.
Our captain sent several men to find fresh f
water.
I went with them in the boat.
At first, I saw no sign of any people living t
I thought I would explore along the shore
sailors went inland.
I found nothing, so I returned to the boat.

Mini-Les●●

도치 장소를 나타내는 부사구+동사+주어
At the southernmost tip of Africa, lies the Cape of Good Hop
(지도)가 남쪽 끝에서(가장) 위치에 있다. 는 주어(the Cape of Goo
동사(lies)가 위치가 바뀌었는데, 이런 장소를 나타는 부사구 at the so
Africa를 강조하기 위해 문장의 맨 앞에 두었다 해(바뀌었다).
• Down the hill walked a man holding a stick. (대문제 주 언 (나타기

Mini-Lesson

**너무나 중요해서 그냥 지나칠 수 없는
알짜 구문은 별도로 깊이 있게 배워요.**

After a time, the King came to me.
I spoke to him in all the languages I knew, but we
still could not understand each other.
Then he ordered his people to make me a bed with
six hundred Lilliputian mattresses.
Food and drink would be brought to me every day
from all the villages.
Three hundred men would make me a new suit.
And six teachers would teach me their language.

★ ★ ★ ❷ _____ Lilliputian mattresses would be
needed to make Gulliver a bed.
└ a. 600 b. 300 c. 100

Check-up Time!

• WORDS
한 안에 알맞은 단어를 보기에서 골라 써 넣으세요.

| shell | sunrise | telescope | hook |

1 Just after _____ we left the harbor.
2 He cut his finger on the _____ of an egg.
3 Through my _____ I could see the land.
4 I tied the _____ to one end of the rope.

• STRUCTURE
다[다]가 보기와 같은 뜻으로 쓰인 문장을 고르세요.

It was not easy to explore the island in a few days

a. It was very sunny, so we decided to go on a picnic.
b. It is better to have one friend than no friends at all.
c. I've lost my watch. I can't find it.

Check-up Time!
**한 chapter를 다 읽은 후 어휘, 구문,
summary까지 확실하게 다져요.**

Focus on Background
**작품 뒤에 숨겨져 있는 흥미로운 이야기를
읽으세요. 상식까지 풍부해집니다.**

After the Story

Reading X-File 이야기 속에 등장했던
주요 구문을 재미있는 설명과 함께 다시 한번~

Listening X-File 영어 발음과 리스닝 실력을 함께
다져 주는 중요한 발음법칙을 살펴봐요.

MP3 Files
www.ybmbooksam.com에서 다운로드 하세요!

YBM Reading Library

이제 아름다운 이야기가 시작됩니다

Gulliver's Travels

Jonathan Swift (1667~1745)

조나단 스위프트는 …

아일랜드 더블린(Dublin)에서 유복자로 태어나 큰아버지 밑에서 성장하였다. 트리니티 칼리지(Trinity College)를 졸업한 후 영국 런던으로 나온 스위프트는 1689년 친척이자 당대의 유명 정치가였던 윌리엄 템플 경(Sir William Temple)의 집으로 들어가 정치적 야망을 키우기도 하였으나 1694년 고향으로 돌아가 사제 생활을 하다 다시 런던으로 돌아온 이후에는 문필 활동에 전념하였다.

스위프트는 고전의 편에 서서 고전문학과 근대문학 간의 논쟁을 다룬 〈책의 전쟁(The Battle of the Books), 1704〉, 종교 간의 이권 다툼을 유산 상속을 받으려는 세 아들의 싸움에 비유한 〈통 이야기(A Tale of a Tub), 1704〉 등과 같은 풍자 소설을 발표하여 작가로서의 위치를 확보하였다. 1726년 환상적인 모험담 속에 영국 사회와 정치에 대한 통렬한 풍자를 담은 〈걸리버 여행기〉를 발표하며 커다란 사회적 반향을 불러일으킨 그는 이후에도 많은 풍자문과 정치 평론서를 발표하는 등 왕성한 활동을 이어갔다. 인류가 만든 문화와 제도의 개선을 염원하며 비판의 쓴 소리를 문학에 담아냈던 조나단 스위프트는 영문학사에서 풍자문학의 대가로 평가 받고 있다.

Gulliver's Travels

걸리버 여행기는 …

주인공 걸리버가 항해 중 난파 당해 소인국과 거인국 등에서 색다른 경험을 한다는 내용의 모험소설이자 영국 사회와 정치의 잘못된 점과 문명 사회의 부패와 위선을 비판한 풍자소설이다. 스위프트가 살던 18세기는 '대항해 시대,' '지리상의 발견 시대'로 불릴 만큼 새로운 세계에 대한 관심이 많았던 시기로, 작가는 이러한 사회 변화를 그냥 지나치지 않고 풍부한 상상력으로 재미있는 상상의 세계인 〈걸리버 여행기〉를 창조하였다.

모험을 좋아하는 선박 의사 걸리버는 항해를 하다 우연히 소인국에 도착하게 된다. 그는 그곳에서 거인 취급을 받으며 지내다 적대국인 블레푸스쿠 왕국의 군함을 끌고 오는 공적을 세우지만 이에 만족하지 못하는 왕에 반발하여 블레푸스쿠 왕국으로 도망치고 이후 보트를 발견하여 고향인 영국으로 돌아간다. 곧 이어 나선 항해에서도 걸리버는 거인국에 들르게 되고, 어릿광대처럼 살다 독수리에게 납치되지만 이를 발견한 선장의 도움으로 무사히 고향으로 돌아간다.

모험 소설이지만 작품 속 독특한 캐릭터와 진기한 세상을 통해 작가의 뛰어난 상상력과 날카로운 현실 비판 의식을 엿볼 수 있는 〈걸리버 여행기〉는 영문학사에 길이 남을 명작으로 평가되고 있다.

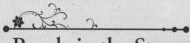

People in the Story
걸리버 여행기에 등장하는 인물들을 살펴볼까요?

Lemuel Gulliver
배에서 환자를 돌보는 의사.
항해 중 폭풍을 만나
소인국과 거인국에서 굉장한
모험을 하게 된다.

Lord
소인국의 대신. 걸리버가 처한
위험을 미리 알려주어 그가 도망칠
수 있는 계기를 마련해 준다.

King of Lilliput
소인국의 왕. 걸리버를 극진히
대접해 주다 걸리버에게 적대국인
블레푸스쿠의 침략을 막아내도록
명령한다.

King of Brobdingnag
거인국의 왕. 왕비의 요청으로 걸리버를 왕궁에 살도록 하며, 그에게 영국에 관해 많은 질문을 한다.

Thomas Wilcox
바다에 표류한 걸리버를 발견하는 선장. 걸리버를 무사히 영국으로 데려다 주고 그 대가로 거인국 왕비의 반지를 받는다.

Glumdalclitch
거인국 농부의 딸. '작은 보모'란 뜻으로 자신의 집에 머물게 된 걸리버를 정성스럽게 돌봐 준다.

Dwarf
거인국 왕궁에 사는 난쟁이. 왕비의 총애를 받는 걸리버를 시기해 그를 괴롭힌다.

Words in the Story

swim
헤엄치다

break up
부서지다

survivor
생존자

sunken ship
침몰한 배

cling to
…에 매달리다

barrel
통

set sail
출범하다

journey
여행

sailor
선원

captain
선장

sailing ship
범선

calm
잔잔한

leak
새는 곳

harbor
항구

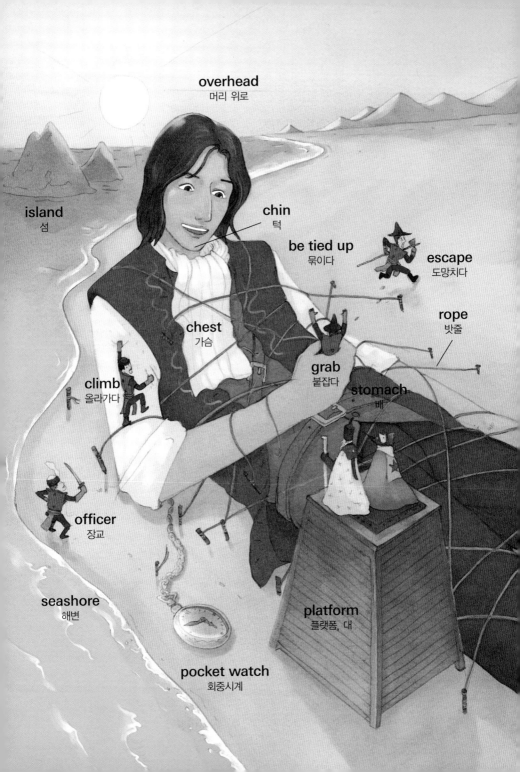

a Beautiful Invitation
– YBM Reading Library

Gulliver's Travels

Jonathan Swift

A Journey to Lilliput

소인국 릴리푸트 여행

My name is Lemuel Gulliver. I am a Doctor of
Medicine. I have always enjoyed a real adventure.
So I took up the position of ship's doctor on the [1]
"Antelope."

브리스틀은 영국 서부에 있는 항구예요.

On May 4th, 1699, the "Antelope" left Bristol*
harbor. It was bound for the East Indies.

For several weeks the seas were calm and we sailed
safely with the wind.

But before we reached our destination, strong winds
carried our ship the wrong way.

Our ship hit some large rocks in the water, and
broke up. We all fell into the sea.

However, I clung to a barrel from the sunken ship.
When dawn broke, I looked around for survivors. [2]
But I was alone! In the distance, I saw land and
swam toward it.

- [ ] doctor of medicine 의사,
  의학 박사
- [ ] position 직업(= job)
- [ ] bound for …에 가려고 하는
- [ ] destination 목적지
- [ ] the wrong way 잘못된 방향으로
- [ ] break up 부서지다
- [ ] cling to …에 매달리다

- [ ] barrel (가운데가 불룩한) 통
- [ ] sunken 가라앉은, 침몰한
- [ ] survivor 생존자
- [ ] in the distance 멀리 떨어진 곳에

1 take up the position of …로 일하다

So I took up the position of ship's doctor on the "Antelope."

그래서 나는 '앤털로프' 호의 선상 의사로 일하게 되었다.

2 dawn breaks 새벽이 되다 (밝아오다)

When dawn broke, I looked around for survivors.

새벽이 되자, 나는 살아남은 사람들을 찾아 사방을 둘러보았다.

I was exhausted when I reached the island.
I dragged myself onto the sand. [1]
Then I lay down on my back to rest. I immediately
fell asleep.
When I awoke, the sun was shining overhead.
"I must have slept for hours," I thought.
"I have to try to find more survivors!"

☐ exhausted 지친
☐ immediately 곧, 즉각
☐ overhead 머리 위로
☐ sit up 일어나 앉았다
☐ lift 들어올리다

But when I tried to stand up, I couldn't move my legs! I tried to sit up, but I couldn't lift my arms! "What has happened to me!" I cried.

1 **drag oneself onto** 몸을 간신히 …위로 끌어올리다
I dragged myself onto the sand. 나는 몸을 간신히 모래 위로 끌어올렸다.

Mini-Less🌞n See p.94

must have + 과거분사형 동사: …한 것이 틀림없다
'…한 것이 틀림없다, 틀림없이 …했다'처럼 과거의 일에 대한 강한 추측을 나타내고 싶을 때는 「must have + 과거분사형 동사」를 쓰면 된답니다.

• I must have slept for hours. 내가 몇 시간 동안 잠을 잔 것이 틀림없어.
• The ship must have hit the rocks. 배가 바위에 부딪친 것이 틀림없어.

I lifted my head. I was horrified at what I saw!

My whole body was tied tightly to the ground.

Suddenly, hundreds of tiny ant-like creatures [1]
swarmed over my legs.

"Oh no, I'll be eaten alive!" I cried. "Someone help
me!"

I closed my eyes.

When I reopened my eyes, a strange little man was
standing on my chest.

He was only six inches tall. * 1인치는 2.54센티미터이므로
소인의 키는 약 15센티미터네요.

"Who are you?" I shouted. "And why am I tied up?"

The other little people were frightened by my loud
voice and ran away. But they soon returned.

The same little man climbed onto my chin and
looked into my eyes.

"Hekinah degul!" he shouted. "Hekinah degul!"

- □ be horrified at …에 충격을 받다
- □ be tied tightly to …에 단단히 묶이다
- □ swarm 떼를 지어 모여들다
- □ chest 가슴
- □ be tied up 묶이다
- □ be frightened by …에 겁을 내다
- □ pull at …쪽을 잡아당기다
- □ manage to+동사원형 겨우 …하다
- □ grab 잡다, 쥐다
- □ escape 도망치다
- □ pull ... out …을 당겨서 뽑다

1 **hundreds of** 수백 명의
  Suddenly, hundreds of tiny ant-like creatures swarmed over
  my legs. 갑자기 수백 명의 개미 같이 작은 생물체들이 내 다리 위로 떼를 지어 올라왔다.

But I couldn't understand him. So I pulled and
pulled at my ropes.

Eventually, I managed to free one hand.

I tried to grab the little one, but he escaped!

"Tolgo phonac!" he cried.

Then I was hit by hundreds of tiny arrows.

"Ouch, they hurt!" I yelled.

Luckily, I managed to pull them out.

Then, I decided to lie quietly and think of a way to
escape.

When they saw I was no longer struggling, the little
people quickly built a platform nearby.

Then an important-looking little man climbed onto
it. In a loud voice he began to speak in a very
strange language!

The only word that sounded familiar was Lilliput.

"Perhaps this is the Land of Lilliput," I thought.

"The people look good-natured. Maybe they'll feed
me if I show them that I'm hungry."

So I pointed to my mouth and rubbed my stomach.

Before long, they brought me hundreds of little baskets of tiny roast chickens, tiny roasted lambs and tiny loaves of bread.

Then a little cart brought me hundreds of tiny bottles of wine.

It took several hours for me to eat and drink ☀ enough.

However, I didn't know that a sleeping potion had been put in the wine.

Soon, I was again fast asleep.

- ☐ struggle 발버둥치다
- ☐ build 짓다 (build – built – built)
- ☐ nearby 근처에
- ☐ important-looking 중요하게 보이는
- ☐ familiar 귀에 익은
- ☐ good-natured 마음씨가 착한
- ☐ feed …에게 먹을 것을 주다
- ☐ point to …을 가리키다
- ☐ rub 문지르다

- ☐ stomach 배
- ☐ before long 곧
- ☐ roast chicken 통닭
- ☐ roasted 구운
- ☐ lamb 새끼 양의 고기
- ☐ loaf 한 덩어리의 빵 (복수형은 loaves)
- ☐ cart 손수레
- ☐ sleeping potion 수면제
- ☐ fast sleep 곤히 잠든

Mini-Less☀n

See p.95

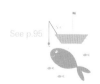

It takes + 시간 + for + 사람(A) + to + 동사원형(B):
A가 B하는 데 ~의 시간이 걸리다

- It took several hours for me to eat and drink enough.
  내가 충분히 먹고 마시는 데 여러 시간이 걸렸다.
- It took some time for him to find that store. 그가 그 상점을 찾는 데 얼마간의 시간이 걸렸다.

While I slept, the Lilliputians made a large wooden wagon.

It had twenty-two little wheels. They used cranes and pulleys to lift me onto it.

Then, fifteen hundred of their biggest horses pulled it toward an old church.

When the wagon stopped, I woke up.

The church's door was about four feet high and two feet wide.* 1피트는 30.48센티미터이므로 이 교회는 높이 120센티미터, 넓이 60센티미터 정도겠네요.

So it seemed I could easily crawl into the church on my hands and knees.

But I was still their prisoner!

Ninety-one chains were attached to my left leg with thirty-six padlocks.

When they were sure I couldn't escape, they cut my ropes. The chains were at least six feet long, so I was able to stand up.

Thousands of the little people had come to see me.

□ Lilliputian 릴리푸트 사람
□ wagon (보통 바퀴가 4개 달린) 마차, 수레
□ crane 기중기
□ pulley 도르래
□ crawl into …로 기어들어가다
□ still 여전히
□ prisoner 포로

□ be attached to …에 붙어 있다
□ padlock 맹꽁이 자물쇠
□ be astonished to + 동사원형
  …해서 깜짝 놀라다
□ in a circle 둥글게
□ tired 피곤한
□ rest 쉬다

They were astonished to see how big and tall I was.
Many of them were so frightened that they ran away.
Although I was able to walk in a small circle, I felt
tired and sad. So I crawled inside the church to rest.

Check-up Time!

● WORDS

알맞은 단어를 보기에서 골라 문장을 완성하세요.

struggled	rubbed	swarmed	grabbed

1 Hundreds of ants _____ over my body.

2 She _____ her hands to warm them.

3 A lion was caught in the net and _____ to get free.

4 I ran fast after Jason and finally _____ him.

● STRUCTURE

빈 칸에 알맞은 단어를 골라 문장을 완성하세요.

1 I lifted my head and was horrified _____ what I saw.

    a. from   b. at   c. of

2 My body was tied tightly _____ the ground.

    a. to   b. in   c. for

3 He fell into the sea but clung _____ the side of the ship.

    a. with   b. at   c. to

이야기의 흐름에 맞게 순서를 정하세요.

a. Gulliver was carried to an old church.

b. When Gulliver awoke, the sun was shining overhead.

c. In the distance, Gulliver saw land and swam toward it.

d. When Gulliver tried to stand up, he couldn't move his legs.

(   ) → (   ) → (   ) → (   )

● SUMMARY

빈 칸에 맞는 말을 골라 이야기를 완성하세요.

On May 4th, 1699, the "Antelope" left Bristol (   ). Gulliver took up the position of ship's (   ) on it. But strong winds carried the ship the wrong way. Gulliver fell into the sea and reached an (   ). When he awoke, Gulliver found he was tied up. He saw many tiny ant-like (   ). Later he learned that he was in Lilliput, the land of little people.

a. doctor

b. creatures

c. island

d. harbor

Life in Lilliput

릴리푸트에서의 생활

The next day, I came out of the church and looked around. The country of Lilliput looked like a small flower garden.

Fields of wheat and corn surrounded the town.

In the distance, I saw areas of woodland.

The biggest trees were only seven feet tall! 소인국의 가장 큰 나무는 210센티미터 정도네요.

Across the road from the church, there was a very big, little house. 소인국치고는 크고 걸리버에게는 작다는 의미겠죠?

The King and some of his lords gathered on its roof.

"They're watching me," I thought. "I wonder what they're planning!"

☐ come out of …로부터 나오다
☐ look around 둘러보다
☐ wheat 밀
☐ corn 옥수수
☐ surround …을 둘러싸다

☐ woodland 삼림지
☐ lord 귀족
☐ gather 모이다
☐ suit 옷, 의복

---

1 order + 목적어(A) + to + 동사원형(B) A에게 B하라고 명령하다

Then he ordered his people to make me a bed with six hundred Lilliputian mattresses. 그런 다음 그는 사람들에게 릴리푸트의 매트리스 600개로 나에게 침대를 만들어 주라고 명령했다.

After a time, the King came to me.

I spoke to him in all the languages I knew, but we still could not understand each other.

Then he ordered his people to make me a bed with [1] six hundred Lilliputian mattresses.

Food and drink would be brought to me every day from all the villages.

Three hundred men would make me a new suit.

And six teachers would teach me their language.

? _____ Lilliputian mattresses would be needed to make Gulliver a bed.
a. 600   b. 300   c. 100

In about three weeks I began to speak their language.

The King often visited me during my language lessons.

I always begged him to set me free.

"Be patient," he always replied. "I'll discuss it with my lords! However, you might be carrying weapons! My officers would have to search you!"

"Search me, sir," I cried. "I have nothing to hide!"

The next day, the King came to see me.

He had three thousand armed troops with him.

Two of his officers searched my pockets.

Each item they discovered was shown to the King.

When I opened my silver snuffbox, the powder
made him sneeze loudly.

He was almost blown off his feet! [1]

He saw my pocket watch and knives.

But, he was very interested in my sword!

When the blade flashed in the bright sunlight,
his troops shouted in horror.

"Have courage, men!" he cried.

(?) 걸리버의 주머니에서 나오지 않은 것은?
└ a. snuffbox   b. fork   c. pocket watch

정답 q

□ set ... free …을 풀어주다
□ patient 견디는
□ discuss 논의하다
□ armed troops 무장한 군대
□ officer 장교
□ search …의 몸을 수색하다
□ item 물건

□ snuffbox 코담뱃갑
□ sneeze 재채기하다
□ pocket watch 회중시계
□ sword 검
□ blade (칼의) 날
□ flash 번쩍이다, 번득이다
□ in horror 무서워서, 겁에 질려

1 **be blown off one's feet** (바람 등에 쓸려) 날아가다
   He was almost blown off his feet!
   그는 날아갈 뻔했다!

"What is it?" he asked, when he saw my gun.

I tried to explain, but he didn't understand.

"Don't be afraid," I said.

Then I loaded the gun and fired it into the air.

His troops fell to the ground in terror! [1]

But the King stood very still for some time. ☀

I think the explosion deafened him!

"I'll take your weapon," he said, finally. "But you may keep your other items!"

Then he returned to his palace.

- □ gun 총
- □ explain 설명하다
- □ afraid 두려워하는
- □ load 총에 화약이나 탄알을 재어 넣다, 장전하다
- □ fire 발사하다
- □ into the air 하늘에 대고

- □ in terror 깜짝 놀라서, 겁에 질려
- □ for some time 한동안
- □ explosion 폭발(음)
- □ deafen …의 귀를 먹먹하게 하다
- □ take 압수하다
- □ finally 마침내

1 **fall to the ground** 땅에 쓰러지다
His troops fell to the ground in terror!
그의 부대는 깜짝 놀라서 땅에 쓰러졌다!

Mini-Less☀n

still: 가만히 있는

still에는 부사로 '여전히, 아직도'라는 뜻도 있지만 형용사로 '가만히 있는, 움직이지 않는'이라는 뜻도 있다는 것, 꼭 기억해 두세요!

- But the King stood very still for some time.
  하지만 왕은 한동안 가만히 서 있었다.
- The snake stayed still under the bed. 뱀은 침대 밑에서 꼼짝도 하지 않았다.

One day, the King called his ropedancers to
entertain me.
They balanced on a very thin rope, twelve inches
above the ground.
If people want to become the King's most important
lords, they have to jump and dance on this rope.
And the one who jumps highest without falling gets
the best job.

Then I watched another amazing act.

Two people held a stick at each end. It was moved up and down.

The contestants had to keep on jumping over it and [1] creeping under it.

The one who jumps and creeps for the longest time is the winner.

The winner is awarded a blue ribbon. [2]

A red ribbon and a green ribbon are given for second and third.

I saw many of the lords of the court with their ribbons in their belts.

☐ ropedancer 줄타기 곡예사
☐ entertain 대접하다, 즐겁게 해주다
☐ balance 몸의 균형을 잡다
☐ rope 밧줄
☐ above the ground 땅 위에서
☐ amazing 놀라운
☐ act (서커스의) 곡예

☐ stick 막대기
☐ at each end 양쪽 끝에
☐ be moved up and down 아래 위로 작동되다
☐ contestant (대회의) 출전자, 경쟁자
☐ creep 기어가다
☐ winner 우승자, 수상자
☐ for second 2등에

[1] **keep on ...ing** 계속 …하다
The contestants had to keep on jumping over it and creeping under it.
출전자들은 계속 막대기 위를 뛰어 넘고 막대기 아래로 기어가야 했다.

[2] **A be awarded B** A가 상으로 B를 받다
The winner is awarded a blue ribbon.
우승자는 상으로 파란색 리본을 받는다.

After many weeks, the King agreed to have my chains removed.

But in return for my freedom, I had to obey the following orders.

- You must not leave Lilliput without permission.
- You must give two hours' warning before you visit the capital.
- You must walk on the main roads and not through the fields or gardens.
- You must take extra care not to step on any Lilliputians, their homes or animals.

- You must help the Lilliputians defend themselves against all its enemies.

I agreed to all their conditions. The guards unlocked my chains and at last I was free!
For the next few days I explored the Island of Lilliput!

☐ without permission 허락 없이
☐ two hours' warning 2시간 전의 통고
☐ capital 수도
☐ take extra care 특별히 조심하다
☐ defend A against B A를 B로부터 지키다
☐ condition 조건
☐ unlock …의 자물쇠를 풀다
☐ explore …을 돌아다니다, 탐험하다

Check-up Time!

● **WORDS**

알맞은 단어를 보기에서 골라 문장을 완성하세요.

explosion   permission   blade   lords   ropedancer

1 The _____ balanced on a very thin rope.

2 The sword's _____ flashed in the bright sunlight.

3 Gulliver fired his gun and its _____ deafened the King.

4 Gulliver must not leave Lilliput without _____.

5 The King and some of his _____ gathered on the roof.

● **STRUCTURE**

still이 보기와 같은 뜻으로 쓰인 문장을 고르세요.

The King stood very <u>still</u> for some time.

a. He <u>still</u> loved his old car.

b. The cat sat <u>still</u> on the table.

c. We are <u>still</u> waiting for her.

본문의 내용과 일치하면 T, 일치하지 않으면 F에 표시하세요.

1 Gulliver could visit the capital anytime
he wanted without warning. ☐T ☐F

2 Gulliver called the ropedancers to entertain
the King. ☐T ☐F

3 When Gulliver fired his gun, the armed troops
fell to the ground. ☐T ☐F

4 Six hundred men would be needed to make
Gulliver a new suit. ☐T ☐F

● SUMMARY

빈 칸에 맞는 말을 보기에서 골라 넣어 이야기를 완성하세요.

Gulliver came to live in an old church. But chains were
(　　) to his leg. He always (　　) the King to set him
free. Finally the King agreed to have his chains (　　). In
return Gulliver had to follow some orders. When he was
free, he (　　) the Island of Lilliput.

a. begged   b. removed
c. explored   d. attached

ANSWERS

Trouble Between Lilliput and Blefuscu

릴리푸트와 블레푸스쿠 왕국의 갈등

One day the King told me about the little people of Blefuscu.

"I'm sure they're getting ready to invade Lilliput!" [1] he said.

"Why?" I asked.

"Many years ago we were all Lilliputians," said the King. "It happened when my grandfather was a boy. We always cut the top off our boiled eggs [2] at the big end. But one day he cut his finger on the shell of a hard-boiled egg. His father ordered that all Lilliputians should cut their eggs at the small end. ☀

□ invade 침략하다
□ boiled egg 삶은 달걀
□ shell 껍질
□ hard-boiled (달걀을) 완숙으로 삶은
□ surely (부정문에서) 설마

□ go to war 전쟁을 하다
□ serious 심각한
□ matter 문제
□ invasion 침략

1 **get ready to + 동사원형** …할 준비를 하다
I'm sure they're getting ready to invade Lilliput!
그들이 릴리푸트를 침략할 준비를 하고 있다고 확신하네!

Some of our people didn't
want to! So they were sent to
live on the island of
Blefuscu."
"But surely that can't be a
reason to go to war?"
I said.
"To us Lilliputians, it is
a very serious matter!
Both sides have lost
thousands of men over
it! You must help us defend
Lilliput against an invasion!"

2 **cut A off B** B의 A를 깨다[자르다]
   We always cut the top off our boiled eggs at the big end.
   우리는 항상 삶은 달걀의 둥근 쪽을 깨서 먹었소.

Mini-Less☀n

See p.96

order와 함께 하는 should

'…에게 ~하라고 명령하다'라는 문장을 만들고 싶을 때는 「order that+주어+
should+동사원형」을 쓰면 된답니다. 또한 should는 생략하고 동사원형만 쓸 수도 있답니다.

- His father ordered that all Lilliputians (should) cut their eggs at the small end.
  그 분의 아버지께서는 릴리푸트 백성들에게 모두 달걀을 끝이 뾰족한 쪽으로 깨서 먹으라고 명령했어.
- My teacher ordered that we (should) keep quiet.
  선생님께서는 우리에게 조용히 하라고 명령하셨다.

Over the next few days, I studied the map of Blefuscu. Through my telescope I saw fifty fighting ships in their harbor.

I eventually decided on a plan.

"I need fifty hooks, and fifty cables," I said to the King.

"You shall have them at once!" he cried. [1]

He immediately sent his men to fetch them.

Then I waded across the sea to Blefuscu.

The water came up to my chin in places.

But I managed to reach the harbor without too much trouble.

The Blefuscuns thought I was a fierce giant!

So they ran away and hid in the hills.

I tied the hooks and cables to their ships and towed them to Lilliput.

☐ telescope 망원경
☐ fighting ship 전함
☐ eventually 마침내, 결국
☐ decide on ⋯을 하기로 결정하다
☐ hook 갈고리
☐ cable 굵은 밧줄
☐ at once 즉시

☐ fetch (가서) 가져오다
☐ wade across (바다를) 걸어서 건너다
☐ in places 곳곳에서
☐ Blefuscun 블레푸스쿠 사람
☐ fierce 무시무시한
☐ tie A to B A를 B에 묶다
☐ tow (자동차·배를) 밧줄로 끌다

1 **shall** (말하는 사람의 의지를 나타내어) ⋯하겠다
   You shall have them at once! 당신이 즉시 그것들을 가지도록 하겠소!

The King was very pleased. But he wanted more
from me.

"You must go back and destroy all their ships,"
he said. "I will rule over them again. They will break
their eggs at the small end!"

"I will not agree to your unfair demands!" I cried.

This made the King very angry. He did not speak to
me for three weeks.

Then one day some lords from Blefuscu arrived on
Lilliput.

They came to sign a peace treaty with the King.

They knew that I had refused the King's demands to
destroy all their ships.

So they thanked me and invited me to visit Blefuscu. [1]

But the people of Lilliput were not happy about the
invitation.

- □ destroy 파괴하다
- □ rule over …을 다스리다
- □ unfair 부당한
- □ demand 요구
- □ sign a peace treaty 평화 조약을 체결하다
- □ invitation 초대
- □ dislike 싫어하다
- □ charged with …의 죄로 기소된
- □ treason 반역죄
- □ merciful 자비로운
- □ be executed 처형되다
- □ suitable 적당한

---

1 **invite + 목적어(A) + to + 동사원형(B)** A에게 B해 달라고 초대하다
So they thanked me and invited me to visit Blefuscu.
그래서 그들은 나에게 감사의 인사를 하고 블레푸스쿠를 방문해 달라고 초대했다.

Though some of the Lilliputian lords disliked me,
I had a good friend among them.
Late one night he visited me.
"Some of them want you charged with treason!"
he said.
"What!" I cried angrily.
"Sssh! But the King is merciful. You would not be
executed. He said that a suitable punishment would
be for you to lose your sight."

I took all my possessions and waded across to
Blesfuscu. The Blefuscun King and his people were
very pleased to see me. But I was worried that the
Lilliputians would attack Blefuscu.
A few days later, just off the northeast coast of
Blefuscu, I found a boat.
It was a little damaged, but big enough for me.
"It must have come from a passing ship," I thought.

□ possessions 소지품
□ be worried that절 …하지 않을까
　걱정하다
□ attack 공격하다
□ just off …에서 조금 떨어진
□ northeast coast 동북 해안가

□ damaged 손상된
□ ashore 해변으로
□ repair 수리하다
□ on one's journey …의 여행길에
□ tiny 아주 작은
□ live 살아 있는

"Now I can go home!"
I tied ropes to the boat and pulled it ashore.
The King of Blefuscu ordered some of his men to
repair it for me.
Then, they gave me meat and bread to eat on my
journey. They also gave me some tiny live animals
to take to England.

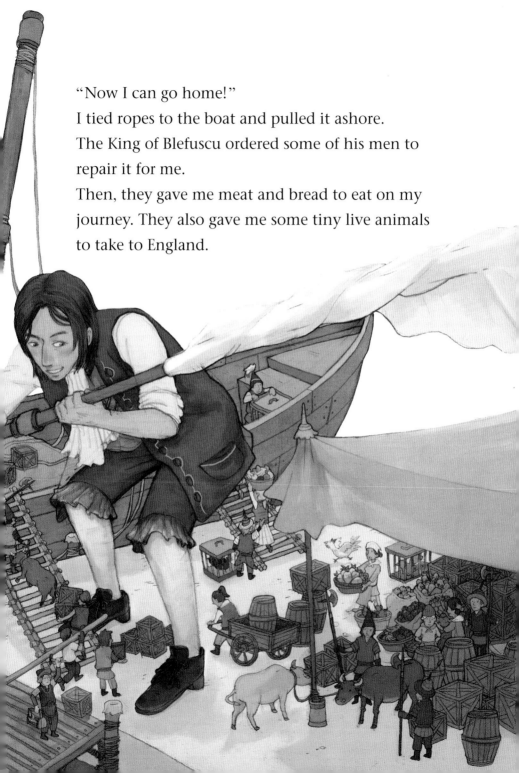

I left Blefuscu, on September 24th, 1701.
I was hoping to find my way home.
The next day, just after sunrise, I spotted a large
sailing ship. I looked at it through my telescope.
It was an English ship!
  I was very excited when they picked me up.
    I told the captain my story.
      But he thought I was mad.
        So, I showed him the tiny, live animals
          I had in my pockets. When he saw them,
            he believed me!

I arrived safely back in England on April 13th, 1702.
It was wonderful to see my wife and children again. ☀
For a few weeks, I was happy to be home.
But I missed my life at sea, and longed to join
another ship.
The opportunity came two months later.
My wife and children were very upset.
They tried to stop me leaving them again.
But I had made up my mind. I joined the
"Adventure" and set sail on June 20th, 1702.

☐ sunrise 일출
☐ spot 발견하다
☐ sailing ship 범선
☐ pick ... up (배·차로 사람을) 도중에
　태우다
☐ captain 선장
☐ mad 미친
☐ safely 안전하게

☐ wonderful 멋진
☐ miss 그리워하다
☐ long to+동사원형 …하기를 갈망하다
☐ opportunity 기회
☐ upset 화난
☐ make up one's mind 마음을 정하다
☐ set sail 돛을 올리다, 출범하다

Mini-Less☀n

가주어 it

영어에서는 주어가 길면 뒤로 보내고, 대신 그 자리에 의미 없는 가짜 주어 it을
두는 경우가 많아요. 그래서 「It is+형용사+to+동사원형」의 문장이 만들어지죠.
이때 진짜 주어는 to+동사원형 이하랍니다.

- It was wonderful to see my wife and children again.
　아내와 자식들은 다시 보게 된 것은 멋진 일이었다.
- It is hard to finish the work in a day. 그 일을 하루 만에 끝내기는 힘들다.

Check-up Time!

● WORDS

빈 칸에 알맞은 단어를 보기에서 골라 써 넣으세요.

shell	sunrise	telescope	hook

1 Just after _____, we left the harbor.

2 He cut his finger on the _____ of an egg.

3 Through my _____, I could see the land.

4 I tied the _____ to one end of the rope.

● STRUCTURE

It(it)이 보기와 같은 뜻으로 쓰인 문장을 고르세요.

It was not easy to explore the island in a few days.

a. It was very sunny, so we decided to go on a picnic.

b. It is better to have one friend than no friends at all.

c. I've lost my watch. I can't find it.

ANSWERS

● COMPREHENSION

이야기의 흐름에 맞게 순서를 정하세요.

a. The captain believed Gulliver.

b. Gulliver told the captain his story.

c. The captain thought Gulliver was mad.

d. Gulliver showed the captain some tiny animals.

(   ) → (   ) → (   ) → (   )

● SUMMARY

빈 칸에 맞는 말을 골라 이야기를 완성하세요.

Gulliver heard about the little people of (   ) from the King. Gulliver waded across the sea and towed their (   ) to Lilliput. But the King wanted Gulliver to destroy all their ships. Gulliver didn't agree to his demands. So he escaped to Blefuscu. A few days later he found a (   ) large enough for him. He finally arrived safely back in (   ).

a. fighting ships   b. boat

c. Blefuscu   d. England

A Voyage to Brobdingnag

거인국 브로브딩나그 항해

For several months, the journey went well.

At the southernmost tip of Africa, lies the Cape of
Good Hope.☀

We stopped there to collect fresh water.

That was when our luck changed! [1]

There was a leak in the "Adventure" and the captain
was ill. So, we had to stay there for the whole
winter!

In late March 1703, we left Africa for the Straits of
Madagascar.

But a violent storm blew us off course.

We were hopelessly lost.

□ go well 순조롭게 진행되다
□ southernmost 가장 남쪽의
□ tip 끝, 첨단
□ cape 곶
□ collect 모으다
□ leak 새는 곳

□ strait 해협
□ violent 격렬한
□ off course 예정 방향에서 벗어나
□ hopelessly 절망적으로
□ at first 처음에는
□ inland 내륙으로

1 **That was when** + 주어(**A**) + 동사(**B**) 바로 그때 A가 B했다
That was when our luck changed!
바로 그때 우리의 운이 바뀌었다!

Finally, on June 16th, we saw land.

Our captain sent several men to find fresh food and water.

I went with them in the boat.

At first, I saw no sign of any people living there.

I thought I would explore along the shore while the sailors went inland.

I found nothing, so I returned to the boat.

See p.97

Mini-Lesson

도치: 장소를 나타내는 부사구 + 동사 + 주어

At the southernmost tip of Africa, lies the Cape of Good Hope.
'아프리카의 남쪽 끝에는 희망봉이 위치해 있다.' 는 주어(the Cape of Good Hope)와
동사(lies)의 위치가 바뀌었는데요, 이는 장소를 나타내는 부사구 at the southernmost tip of
Africa를 강조하기 위해 문장 맨 앞에 두었기 때문이랍니다.

- Down the hill walked a man holding a stick. 지팡이를 든 한 남자가 언덕을 걸어 내려갔다.

But I was horrified to see the sailors rowing quickly
back to the ship.

I was about to shout at them to come back for me,
but stopped.

A huge giant of a man was chasing them!

He was as tall as a mountain.

His strides were at least ten yards long.* 야드는 91.4센티미터이므로
거인의 보폭은 9미터가 넘네요!

And in his hand he held an enormous sickle!

Then, six more giants ran toward me.

So I hid in the nearby cornfield.

I could hear them searching all around me.

Suddenly, I saw a giant foot above my head!

"Oh no!" I thought. "I'm going to die!"

"Stop right there!" I screamed as loud as possible. [1]

- □ horrified 겁에 질린
- □ chase 뒤쫓다
- □ stride 보폭
- □ at least 적어도
- □ enormous 거대한
- □ sickle 낫
- □ nearby 근처의

- □ cornfield 옥수수밭
- □ scream 비명을 지르다
- □ carefully 조심스럽게
- □ for a moment 한동안
- □ bend down 몸을 구부리다
  (bend-bent-bent)

---

1 **as + 부사 + as possible** 가능한 한 …하게
  I screamed as loud as possible.
  나는 가능한 한 크게 (큰소리로) 비명을 질렀다.

The giant put his foot down
carefully.
He looked at me for a
moment.
Then he bent down, and
gently picked me up.
I was frightened and
stayed very still.

I didn't want the giant to get angry or drop me.
I was about sixty feet off the ground!

1피트는 30.48센티미터이므로
걸리버는 지금 지상에서 18미터 이상
붕 떠올라 있네요!

He carefully put me in his pocket and ran to find his master.

All the farm workers gathered around to look at me.

I tried to talk to them, but they couldn't understand me.

So I stood up, took off my hat and bowed to them.

They thought I was very funny!

The master farmer wrapped me in his handkerchief and took me home.

But his wife screamed when she saw me.

She thought I was a spider!

Soon, it was time for the midday meal. [1]

The farmer's wife gave me some small pieces of bread and meat.

I began to eat it with my own small knife and fork.

The whole family sat around the table and happily watched me.

□ master 주인
□ gather around 모이다
□ take off 벗다
  (take-took-taken)
□ bow to …에게 허리를 숙여 인사하다

□ funny 우스운
□ wrap 싸다
□ handkerchief 손수건
□ spider 거미
□ midday meal 점심 식사

1 **it is time for** 이제 …할 시간이다
  Soon, it was time for the midday meal.
  이제 곧 점심을 먹을 시간이 되었다.

Suddenly, I heard a strange noise behind me.
I turned to see a giant cat looking hungrily at me.
It was at least three times bigger than one of our cows. ☀
"I'm not afraid of that cat!" I thought. "It won't hurt me!"
I puffed out my chest and marched in front of the cat
three or four times.

Soon, the cat was afraid of me!

It sat quietly beside the farmer's wife.

At the end of the meal, the nurse brought in a baby.

The baby thought I was something to eat.

She grabbed me, and like all babies, immediately put my head in her mouth.

"Let me out!" I roared. "Let me out!"

The baby was so frightened that she dropped me.

Her mother caught me safely in her apron.

Then she wrapped me in a handkerchief and put me on her bed.

I was tired after my exciting day, and fell fast asleep.

□ be afraid of …을 두려워하다
□ hurt 해치다
□ puff out 부풀리다
□ chest 가슴
□ march 당당히 걷다
□ beside …의 옆에

□ nurse 유모, 보모
□ bring in …을 데리고 들어오다
  (bring - brought - brought)
□ let ... out …을 밖으로 내보내다
□ apron 앞치마
□ tired 피곤한

Mini-Less☀n

숫자 + times bigger than

'…보다 ~배 큰'은 어떻게 표현할까요? 「숫자 + times bigger than…」이라고 하면 된답니다.

• It was at least three times bigger than one of our cows.
  그것은 우리의 소보다 적어도 세 배는 컸다.
• The planet is about four times bigger than the Earth. 그 행성은 지구보다 네 배 정도 크다.

Several hours later, I woke up.

Something was sniffing at my legs.

When I sat up, I was horrified to see two huge black rats. They were as big as dogs!

I drew my sword from my belt and slashed at them.

I managed to kill one, but the other rat escaped.

When she heard the noise, the farmer's wife came running into the room.

She saw the rat's blood and screamed!

But she was delighted when I showed her that I wasn't hurt. She threw the dead rat out of the window and cleaned up the mess.

The farmer had a nine-year-old daughter.

She made me some clothes and a small bed. [1]

And she taught me the language.

In a few days I could speak it quite well.

She looked after me, and often saved me from danger. [2]

So I called her, Glumdalclitch, which means "little nurse."

---

1 **make + 간접목적어(A) + 직접목적어(B)** A에게 B를 만들어 주다
   She made me some clothes and a small bed.
   그녀는 나에게 옷과 작은 침대를 만들어 주었다.

2 save A from B A를 B로부터 구해 주다

She looked after me, and often saved me from danger.

그녀는 나를 돌봐 주었고, 종종 위험으로부터 구해 주었다.

- ☐ sniff at 킁킁거리며 …의 냄새를 맡다
- ☐ draw A's sword from B
  B에서 A의 검을 꺼내들다
  (draw-drew-drawn)
- ☐ slash at …을 잽싸게 공격하다
- ☐ delighted 기쁜
- ☐ throw A out of B A를 B
  밖으로 던지다

- ☐ clean up 치우다
- ☐ mess 더러운 것, 어질러진 것
- ☐ daughter 딸
- ☐ teach 가르치다
  (teach-taught-taught)
- ☐ look after …을 돌보다

I learned that I was in Brobdingnag, the Land of the Giants.

Soon, all the inhabitants had heard about me.

"He has two legs, just like us," some said. "But he's very, very small!"

"He's quiet and gentle," others said. "But he has a funny way of talking!"

Everybody wanted to see me.

☐ learn (들어서) 알다
☐ inhabitant 주민
☐ hear about …에 대해 듣다
☐ gentle 신사다운
☐ have a funny way of …하는 방식이 웃기다

☐ charge 돈을 물리다
☐ perform 공연하다
☐ give a speech 연설하다
☐ do a somersault 공중제비〔재주넘기〕 하다
☐ routine 반복되는 일

1 **be bored with** …에 싫증이 나다
But I became very tired and bored with the whole routine.
그러나 나는 매일 반복되는 일에 지치고 싫증이 났다.

Mini-Less☼n

when과 whenever의 차이는?

when은 '…할 때', whenever는 '…할 때마다, …할 때는 언제나'라는 뜻이에요.

• The farmer charged money whenever I performed.
  그 농부는 내가 공연할 때마다 사람들에게 돈을 받았다.
• Whenever I visit New York, I meet Jason. 뉴욕을 방문할 때마다 나는 제이슨을 만난다.
• When I visited New York last year, I met Jason.
  작년에 뉴욕을 방문했을 때 나는 제이슨을 만났다.

The farmer charged money whenever I performed.[*]
I gave speeches, did somersaults, danced and sang.
But I became very tired and bored with the whole [1]
routine.

Check-up Time!

● WORDS

빈 칸에 알맞은 단어를 보기에서 골라 써 넣으세요.

gentle	enormous	delighted	violent	tired

1 The mountains were _____.

2 A _____ storm blew the ship the wrong way.

3 After a long journey, I was very _____.

4 He liked me because I am kind and _____.

5 I was _____ when I saw my wife and son again.

● STRUCTURE

알맞은 전치사를 골라 문장을 완성하세요.

1 I stood up and bowed (at, to) the farmers.

2 I was bored (with, to) his long speeches.

3 I saw the big cat and was afraid (with, of) it.

4 (At, Off) first I saw no sign of any people living there.

본문의 내용에 맞게 알맞은 단어를 골라 문장을 완성하세요.

1 There was a leak in the "Adventure" when the ship stopped at _____.

   a. the Straits of Madagascar b. the Cape of Good Hope

2 When a giant was chasing Gulliver, he held a _____ in his hand.

   a. sickle   b. handkerchief

3 When Gulliver woke up in the bed of the farmer's wife, _____ were sniffing at his legs.

   a. rats   b. cats

● SUMMARY

빈 칸에 맞는 말을 골라 이야기를 완성하세요.

Gulliver set sail again on the "Adventure." The ship found land and Gulliver went inland to collect ( ). When he was about to ( ), he saw a giant man as tall as a mountain. Gulliver was caught by him and ( ) to a farmer's house. There he was taken care of by the farmer's ( ).

---

a. carried   b. return

c. daughter   d. fresh water

ANSWERS

이야기 속의 거인들

Giants in Tales

Giants are human-like creatures of huge size and strength. They appear in the tales of many different races and cultures such as *Jack and the Beanstalk* and *Aladdin*. They are often stupid or violent and are said to eat humans, especially children.

In *Jack and the Beanstalk*, Jack trades his cow for five "magic" beans. Next morning a gigantic beanstalk has grown in their place. Jack decides to climb it and breaks into a giant's castle. The giant quickly senses a human is near, but fails to catch Jack.

Finally, Jack succeeds in taking the Giant's wealth and leads a happy life forever after.

In *Aladdin*, a young Aladdin is trapped in a cave when he goes to find a magic oil lamp for a wicked sorcerer. But he manages to escape with the help of the Genie in his magic ring. When the oil lamp is rubbed, a powerful Genie appears and becomes Aladdin's protector. Aladdin builds a wonderful palace, and marries the Emperor's daughter. But the sorcerer tricks Aladdin's wife into giving him the lamp, and orders the Genie to take her and the palace to his homeland. But Aladdin rescues his wife and palace with the help of the Genie of the ring.

거인은 거대한 덩치와 막강한 힘을 지닌 인간과 비슷한 존재다. 거인은 〈잭과 콩나무〉, 〈알라딘〉 등 다양한 인종과 문화권의 이야기 속에 등장한다. 거인은 대개 무지하거나 사나우며, 인간을 특히 어린아이들을 먹는 것으로 알려져 있다.

〈잭과 콩나무〉에서 잭은 자신의 소를 마법의 콩 다섯 알과 바꾼다. 다음 날 아침, 거대한 콩나무가 집에 자라나 있다. 잭은 나무를 타고 올라가기로 결심하고 거인의 성에 침입한다. 거인은 재빨리 인간이 근처에 있다는 것을 감지하지만, 잭을 잡는 데는 실패한다. 마침내 잭은 거인의 재산을 차지하는 데 성공하고 이후 행복하게 살아간다.

〈알라딘〉에서 젊은 알라딘은 사악한 마술사를 위해 마법의 램프를 찾으러 갔다가 동굴에 갇히고 만다. 그러나 그는 마법의 반지에 안에 있는 요정 지니의 도움으로 겨우 탈출한다. 마법의 램프를 문지르자, 마법의 힘이 센 지니가 나타나 알라딘의 수호자가 된다. 알라딘은 멋진 궁전을 짓고, 황제의 딸과 결혼한다. 그러나 마술사는 알라딘의 아내를 속여 램프를 빼앗고, 지니에게 공주와 궁전을 자신의 고향으로 옮겨 놓으라고 명령한다. 그러나 알라딘은 반지의 요정 지니의 도움으로 아내와 궁전을 구한다.

Gulliver Meets
the King and Queen

걸리버, 왕과 왕비를 만나다

One day the Queen of Brobdingnag sent a messenger
to bring me to the royal palace.

"Where have you come from, Doctor Gulliver?"
she asked.

"From England," I replied.

"Have you traveled to many places?"

"Yes, I've had many adventures! I've been to Africa, [1]
America and the South Seas!"

"Would you like to live in the palace?" she asked.

"Yes, Your Highness," I said.

I thought I would be safer there until I could escape.
She carried me to meet the King.

- messenger 심부름꾼, 전령
- royal palace 궁전
- the South Seas 남태평양
- Your Highness (왕족에 대한 경칭) 전하
- send for …을 부르러 사람을 보내다

- philosopher 철학자
- examine 조사하다
- be satisfied that절 …에 만족하다
- unique 희귀한
- take good care of …을 잘 돌보다

---

[1] **have been to** …에 가 본 적이 있다
I've been to Africa, America and the South Seas!
저는 아프리카, 아메리카, 남태평양 등에 가 본 적이 있습니다!

The King sent for a doctor, a teacher and
a philosopher to examine me.
They searched me. Then they asked me many
questions.
Finally, they were satisfied that I was unique.
The King ordered Glumdalclitch to take good care of
me.

A furnished doll's house was made for me to live in.

It even had a lock on the door to keep out the rats and mice.

The Queen became very fond of me.

She refused to eat her meals without me.

So she had a table and chair, silver dishes and cutlery made for me.

Then, at mealtimes, I sat by her left elbow on the large dining table.

□ furnished 가구가 딸린
□ doll's house 인형의 집
□ lock 자물쇠
□ keep out …을 안에 들이지 않다
□ mouse 생쥐 (복수형은 mice)
□ become fond of …을 좋아하게 되다
□ refuse to+동사원형 …하기를 거부하다
□ cutlery (나이프·포크·스푼 등) 식탁용 날붙이

□ at mealtimes 식사 때
□ elbow 팔꿈치
□ dining table 식탁
□ dwarf 난쟁이
□ entertain …을 즐겁게 해주다
□ dip 담그다
□ or 그렇지 않으면 [않았더라면] (= otherwise, if not)
□ drown 물에 빠져 죽다

1 숫자+times+명사 …의 ~배
But he was five times the size of me.
그러나 그는 덩치가 나의 다섯 배는 되었다.

2 might have+과거분사형 동사 …했을지도 모른다 (과거 사실에 대한 추측)
It's lucky that I'm a good swimmer or I might have drowned.
내가 헤엄을 잘 치는 건 다행이었다. 그렇지 않았더라면 나는 물에 빠져 죽었을지도 모른다.

3 become good at ...ing …에 능숙해지다
But I became very good at killing them with my sword.
그러나 나는 검으로 그것들을 죽이는 데 능숙해졌다.

The Queen kept a dwarf to entertain her.

But he was five times the size of me. [1]

Sometimes when no one was looking, he would dip me in the cream or drop me into the soup!

It's lucky that I'm a good swimmer or I might have drowned. [2]

The dwarf loved to catch flies and let them go right under my nose.

But I became very good at killing them with my [3] sword.

One afternoon, I was sitting by an open window.
I was eating a piece of delicious cake.
Suddenly, twenty huge wasps, as big as sparrows,
flew in! They tore pieces of cake from my hand and
some tried to sting me!
I killed four with my sword, but the rest escaped.
I quickly shut the window, and pulled the stings out
of the dead wasps. They were about an inch and
a half long and very sharp!
I carefully wrapped them up.
I wanted to take them back to England as souvenirs.

The capital of Brobdingnag was Lorbrulgrud.

I often went there with Glumdalclitch.

It was a horrible dirty place and I didn't like it.

There were always lots of beggars who wanted to poke and prod me.

One day, Glumdalclitch left me on the grass in the palace garden.

She went for a walk with some of the Queen's ladies.

Suddenly the gardener's dog appeared and picked me up in his mouth. Then he ran straight to his master and dropped me gently at his feet.

Luckily, I wasn't hurt that time.

The gardener knew who I was, and took me back to Glumdalclitch.

After this, she promised she would never leave me alone again.

☐ wasp 말벌
☐ sparrow 참새
☐ fly in 날아 들어오다
　(fly-flew-flown)
☐ tear 뜯어내다 (tear-tore-torn)
☐ sting 쏘다, 찌르다
☐ the rest 나머지
☐ pull A out of B B에서 A를 빼내다
☐ wrap ... up …을 싸다
☐ souvenir 기념품

☐ horrible 끔찍한
☐ dirty 더러운
☐ poke (손가락·막대기 등으로) 쿡쿡 찌르다
☐ prod 찌르다, 쑤시다
☐ go for a walk 산책하러 나가다
☐ appear 나타나다
☐ pick ... up …을 들어올리다
☐ gently 부드럽게, 조심스럽게
☐ promise (that)절 …하겠다고 약속하다

I remember one morning, when I was sitting in my little house reading a book.

I was startled to see a huge hairy face at the window. [1]

It was a monkey, and it was as big as an elephant!

It held me gently in its arms and rocked me back and forth. [2]

Then it tried to stuff some food in my mouth.

"Oh, that is disgusting!" I cried.

I coughed and spat out the disgusting food.

Suddenly, there was an almighty scream.

"Put him down!" shouted Glumdalclitch. "Put him down, you naughty monkey!"

Servants came running from all directions when they heard the shouting.

But the monkey carried me onto the roof of the palace.

Some of the servants climbed up to rescue me.

□ hairy 털투성이의
□ stuff 밀어넣다, 쑤셔넣다
□ disgusting 메스꺼운
□ cough 기침하다
□ spat out 뱉다 (spit-spat-spat)
□ almighty 어마어마한, 굉장한
□ naughty 장난이 지나친
□ from all directions 사방에서
□ rescue 구하다

□ slide down …을 미끄러져 내리다
　(slide-slid-slid)
□ land 떨어지다, 땅에 닿다
□ with a thump 쿵 소리를 내며
□ guttering (지붕의) 홈통, 물받이
□ footman 급사, 하인
□ safety 안전한 곳
□ nurse 간호하다
□ bruise 타박상, 멍

When it saw the men, the monkey dropped me!
I slid down the roof and landed with a thump in the
guttering!
Luckily a footman managed to reach me and carried
me to safety. I spent two weeks in bed nursing my
bruises.

---

1 **be startled to + 동사원형** …해서 깜짝 놀라다
I was startled to see a huge hairy face at the window.
나는 창가에서 털투성이의 커다란 얼굴을 보고는 깜짝 놀랐다.

2 **rock ... back and forth** …을 앞뒤로 살살 흔들다
It held me gently in its arms and rocked me back and forth.
원숭이는 나를 팔에 가볍게 안더니 앞뒤로 살살 흔들었다.

Mini-Less◦n

spend + 시간(A) + ...ing(B): B하면서 A를 보내다

- I spent two weeks in bed nursing my bruises.
  나는 침대에서 상처를 치료하면서 2주를 보냈다.
- I will spend this weekend preparing for the exams.
  나는 이번 주말을 시험 준비를 하면서 보낼 생각이다.

The King often asked me to tell him about the
people, the houses and the politics of England.
"Do you have a royal family to rule over you?"
he asked.
"We do have a King," I replied, "but he doesn't make
the rules. Our government does that."
"Tell me more," said the King.
"The government also decides which countries
England will fight or invade!"
"But why does your country go to war or take land
that is not theirs?"
"To increase its
wealth!" I said.

"England has many weapons to fight with. England always wins!"

The King closed his eyes and did not speak.

I was worried that he had fallen asleep.

So I began to talk excitedly.

"I can show you how to make gunpowder!" I said.

"But why do I need weapons and gunpowder?" said the King. "This is a peaceful nation. It is more important for us to increase our crops than go to war. My people are treated fairly. Nobody steals from, or attacks others. We are very happy as we are!" [1]

□ politics 정치
□ royal family 왕족
□ rule over …을 다스리다
□ rule 법
□ government 정부
□ increase 증대하다, 늘리다

□ wealth 부, 재산
□ excitedly 흥분하여, 신이 나서
□ gunpowder 화약
□ crop 작물, 수확물
□ be treated fairly 공정하게 대우받다

1 **as + 주어 + be동사** (…의) 지금 그대로
We are very happy as we are! 우리는 지금 그대로 행복합니다!

Mini-Lesson

강조의 do

문장에서 동사를 강조할 때는 「do + 동사원형」을 씁니다. 이때 do는 원래 동사의 시제와 인칭에 일치시켜야 하며, '정말로, 분명히' 등으로 해석할 수도 있어요.

• We do have a King. 우리에게는 분명히 왕이 있습니다.
• I did tell you the place and the time of the party. 나는 분명히 네게 파티 장소와 시간을 말해 줬다.

Check-up Time!

● **WORDS**

알맞은 단어를 보기에서 골라 문장을 완성하세요.

| cutlery | wasps | souvenirs | guttering | bruises |

1 Rain gathers in the _____ of the roof.

2 My _____ was set on the dining table.

3 The _____ attacked and tried to sting me.

4 I bought some _____ to remember my journey.

5 I slashed at the bear with my sword and got some
_____ in return.

● **STRUCTURE**

주어진 동사를 문장에 맞게 알맞은 형태로 고쳐 쓰세요.

1 I became very good at _____ them with my sword.
(kill)

2 It's lucky that I'm a good swimmer or I might have
_____ . (drown)

3 I spent two weeks in bed _____ my bruises. (nurse)

다음은 누가 한 말일까요? 기호를 써넣으세요.

a.   b.

King   Gulliver

1 "I can show you how to make gunpowder." _____

2 "Why do I need weapons and gunpowder?" _____

3 "It is more important for us to increase our crops than go to war." _____

● SUMMARY

빈 칸에 맞는 말을 보기에서 골라 넣어 이야기를 완성하세요.

Gulliver came to live in the royal palace with ( ). The Queen became fond of him and she always ate her meals with him. The Queen kept a ( ) to entertain her. He would dip Gulliver in the cream. One day a ( ) appeared and carried him to the roof of the palace and dropped him. But he was rescued by a ( ).

a. Glumdalclitch   b. footman

c. dwarf   d. monkey

ANSWERS

Comprehension | 1. b 2. a 3. a   Summary | a, c, d, b

Escapes from Brobdingnag

브로브딩나그 탈출

One day in summer, Glumdalclitch decided to take me to the beach.

She packed me up in my little traveling case and set off for the seaside.

When we arrived at the beach, I was left in the care of a young footman.

He left me alone on the rocks.

I felt very sad as I looked out to sea.

It reminded me how far away I was from my home and family.

After a while I fell asleep.

□ pack ... up ···을 싸다[꾸리다]
□ traveling case 여행용 상자[가방]
□ set off for ···을 향해 출발하다
□ seaside 해변
□ leave ... alone ···을 혼자 내버려두다

□ look out to ··· 쪽으로 밖을 내다보다
□ remind A B A에게 B를 떠오르게 하다
□ far away 멀리 떨어져
□ after a while 잠시 뒤에

Soon after, I felt my case shake. Then it was lifted off the ground. I was tossed from side to side!

When I managed to steady myself, I opened a window and peeked out.

"Oh no, a giant eagle has me," I cried. "I wonder where we are going!"

I tried to think of an escape plan.

Suddenly, I heard the flapping of several large wings and some loud squawking!

The case rocked violently backward and forward!

I guessed that the eagle was being attacked by another bird.

Then I felt my case fall quickly through the air!

"Oh no, he's dropped me," I cried. "I'm going to die!"

I braced myself for the impact. [1]

But instead of hitting land, my case hit the water with a great splash!

- □ soon after 곧
- □ shake 흔들리다
- □ be tossed 뒹굴다
- □ from side to side 좌우로, 양옆으로
- □ steady 안정시키다
- □ peek out 밖을 살짝 보다
- □ think of …을 생각해내다

- □ flapping (날개를) 퍼덕이는 소리
- □ squawking (새가) 까악까악 우는 소리
- □ violently 심하게
- □ backward and forward 앞뒤로
- □ impact 충격
- □ with a great splash 텀벙 하고 큰 소리를 내며

---

1 **brace oneself for** (충격 등에) 대비해 준비를 단단히 하다
   I braced myself for the impact.
   나는 충격에 대비해 준비를 단단히 했다.

Luckily, it floated!
I looked out of the window.
"My goodness," I said, "there's water all around me! Where could I be?" [1]
I was very tired, and the movement of the waves soon rocked me to sleep.

I woke up suddenly several hours later.
Something was rubbing against my traveling case.
It was night, and too dark to see outside.
"Oh no, I must have hit the rocks," I thought. "If I drown, no one will know what has happened to me!"
It was then that I heard ☀ some voices.
My traveling case was lifted into the air.
It landed with a loud thud on something hard.

"Perhaps they're pirates," I thought.

So I tied a white handkerchief to a stick and poked it out of my window. ²

"I surrender," I called. "Please don't harm me!"

But all I heard was loud laughter.

When my traveling case was opened, the first thing I saw was an English flag! I felt safe again!

□ look out of the window 창밖을 내다보다
□ my goodness 저런, 어머나
□ movement 움직임
□ rock A to+동사원형(B) A를 흔들어 B하게 하다
□ rub against …에 쓸리다

□ with a loud thud 쿵 하고 큰 소리를 내며
□ pirate 해적
□ surrender 항복하다
□ laughter 웃음소리
□ flag 기, 깃발

1 **Where could I be?** (놀라움) 나는 도대체 어디 있는 거지?
"My goodness," I said, "there's water all around me! Where could I be?" 나는 "이런, 사방이 물이군! 도대체 나는 어디 있는 거지?"라고 말했다.

2 **poke A out of B** A를 B 밖으로 내밀다
So I tied a white handkerchief to a stick and poked it out of my window. 그래서 나는 하얀 손수건을 막대기에 묶어 창밖으로 내밀었다.

Mini-Less ☀n

It is〔was〕then that …: 강조

'…한 것은 바로 ~이다〔였다〕'처럼 강조하는 싶을 때는 It is〔was〕다음에 강조할 대상을 넣고 그 나머지를 that절에 쓰면 된답니다.

• It was then that I heard some voices. 내가 여러 목소리를 들은 것은 바로 그때였다.
• It is him that I'd like to go with. 내가 같이 가고 싶은 사람은 바로 그다.

"I'm Captain Thomas Wilcox," said a large jolly gentleman. "Come on, men, help this poor man out of the case!" [1]

That night I dined with the Captain.

He found the stories of my adventures hard to believe! [2]

So I showed him a few of the souvenirs from my travels.

They included four wasp stings and a gold ring from the Queen. And my trousers made from the skin of a mouse.

"We'll soon have you safely back home, [3]
Doctor Gulliver." said Captain Wilcox.
"You should write about your adventures.
You could be famous and make lots of money!
Then there would be no need to go to sea again.
And your family won't worry anymore!"

 다음 중 걸리버의 거인국 기념품이 아닌 것은?
 a. 말벌의 침
 b. 왕비의 반지
 c. 원숭이 가죽 바지   정답 C

□ jolly 유쾌한
□ come on (명령형으로) 자아
□ dine with …와 식사하다
□ include 포함하다
□ trousers 바지

□ made from (재료) …로 만들어진
□ skin 가죽
□ make money 돈을 벌다
□ go to sea 바다로 나가다
□ not ... anymore 더 이상 … 않다

1 help A out of B A를 도와 B에서 나오다 하다
Come on, men, help this poor man out of the case!
자아, 여러분, 이 남자를 도와 상자에서 나오게 합시다!

2 find + 목적어(A) + hard to + 동사원형(B) A가 B하기 어렵다고 생각하다
He found the stories of my adventures hard to believe!
그는 나의 모험 이야기가 믿기 어렵다고 생각했다!

3 have ... safely back home …을 안전하게 집에 데려다 주다
We'll soon have you safely back home, Doctor Gulliver.
당신을 곧 안전하게 집으로 모셔다 드리겠습니다, 걸리버 선생님.

On June 3rd 1706, I arrived back in England.
I gave the gold ring to Captain Wilcox as payment
for my rescue. Then I took a carriage home.

- □ as payment for ···에 대한 보답으로,
  대가로
- □ take a carriage home 마차를 타고
  집으로 가다
- □ normal sized 정상적인 크기의
- □ feel like that절 마치 ···인 것처럼
  느껴지다 (feel-felt-felt)

- □ greet ... with hugs and kisses
  ···을 포옹과 키스로 맞이하다
- □ my dearest 여보, 당신
- □ no more A for B B에게 더 이상
  A는 없다
- □ can't help ...ing ···하지 않을 수 없다

I could not forget the tiny people of Lilliput, or the giants of Brobdingnag.

It seemed strange to me to look at normal sized people, houses and trees. I felt like I was in a foreign land! My family was excited to see me.

They greeted me with hugs and kisses.

"Now, my dearest," my wife said, "no more adventures for you!"

But I couldn't help thinking, how exciting it would be to go to sea again!

Check-up Time!

● **WORDS**

퍼즐의 빈 칸에 들어갈 알맞은 철자를 써서 단어를 완성하세요.

Across
1. 해적
2. 항복하다
3. 심하게 흔들다

Down
4. 바지
5. 안정시키다

1 p ☐ ☐ ☐ ☐ ☐
(4)
(5) s
t
2 ☐ ☐ ☐ e ☐ ☐ ☐
3 t ☐ ☐ ☐

● **STRUCTURE**

알맞은 전치사를 보기에서 골라 문장을 완성하세요.

in	from	with	for

1 The case rocked _____ side to side.

2 The stone dropped in the water _____ a great splash!

3 He braced himself _____ the impact.

4 The baby was left _____ the care of the nurse.

ANSWERS

Words : 1. pirate 2. surrender 3. toss 4. trousers 5. steady
Structure : 1. from 2. with 3. for 4. in

● COMPREHENSION

이야기의 흐름에 맞게 순서를 정하세요.

a. Gulliver dined with the Captain.

b. Gulliver felt very sad as he looked out to sea.

c. Gulliver tied a white handkerchief to a stick and poked it out of his window.

d. Gulliver felt his case fall quickly through the air.

(   ) → (   ) → (   ) → (   )

● SUMMARY

빈 칸에 맞는 말을 골라 이야기를 완성하세요.

> One day in summer, Glumdaclitch and Gulliver went the (   ). But an eagle took the (   ) that Gulliver was in. Then the eagle dropped it into the water. After some time, he was saved by an (   ). Gulliver told the (   ) the stories of his adventures. He arrived safely back home and met his wife and children again.

a. Captain   b. traveling case

c. English ship   d. beach

After
the Story

Reading X-File 이야기가 있는 구문 독해
Listening X-File 공개 리스닝 비밀 파일
Story in Korean 우리 글로 다시 읽기

I must have slept for hours.

내가 여러 시간 동안 잠을 잔 것이 틀림없어.

★　★　★

앤털로프 호를 타고 항해를 시작한 걸리버. 그러나 얼마 후 배는 강한 폭풍우에 휘말려 부서지고, 겨우 살아남은 그는 낯선 땅에 도착해 정신을 잃게 됩니다. 위 문장은 한참 후 정신을 차린 걸리버가 내리쬐는 햇살에 눈을 뜨면서 중얼거린 말인데요, 여기서 걸리버는 '…한 것이 틀림없다, 틀림없이 …했다'라는 의미의 must have + 과거분사형 동사를 써서 과거의 일에 대한 강한 추측을 표현했답니다. 그럼 왕과 걸리버의 대화를 통해 이 표현을 다시 한번 익혀 볼까요?

You must have explored many countries.
당신은 틀림없이 많은 나라들을 돌아다녔겠군요.

King

Yes, and it's been a great pleasure to me!
그렇습니다, 그리고 그것은 제게 큰 기쁨이었습니다!

Gulliver

It took several hours for me to eat and drink enough.

내가 충분히 먹고 마시는 데 여러 시간이 걸렸다.

★　★　★

릴리푸트라는 소인국에 도착한 걸리버는 얌전한 행동으로 소인국 사람들을 안심시키고, 먹을 것과 마실 것을 얻어내지요. 소인국 사람들 수백 명이 동원되어 걸리버에게 엄청난 양의 빵과 포도주를 가져다 주고 걸리버가 이를 먹는 데도 많은 시간이 걸리는데요, 이때의 상황을 묘사한 위의 문장에 '…가 ~하는 데 – 만큼의 시간이 걸리다' 라는 뜻의 It takes + 시간 + for + 목적어 + to + 동사원형의 표현이 쓰였어요. 그럼 걸리버와 선장의 대화로 다시 볼까요?

Gulliver

Can you get the "Antelope" ready for sailing in a few days?

'앤털로프' 호의 항해 준비를 며칠 안에 끝낼 수 있나요?

Captain

No, usually it takes a month for a large ship like the "Antelope" to prepare to sail.

아닙니다, '앤털로프' 호 같이 큰 배가 항해 준비를 하는 데는 보통 한 달이 걸립니다.

His father ordered that all Lilliputians should cut their eggs at the small end.

그분의 아버지께서 달걀을 뾰족한 쪽으로 깨서 먹으라고 명령하셨어.

★　★　★

릴리푸트에서의 생활이 익숙해질 무렵 걸리버는 이 나라와 적대 관계에 있는 블레푸스쿠라는 또 다른 소인국에 대한 이야기를 듣게 됩니다. 예전에는 한 나라였던 두 나라를 갈라서게 한 것은 달걀을 어떤 식으로 깨서 먹느냐는 문제였습니다. 이를 설명하는 위의 문장에서 주목해야 할 표현이 있는데요, 바로 order(명령하다) 뒤에 오는 that절에는 should + 동사원형을 써야 한다는 것이에요. should는 생략하고 동사원형만 쓸 수도 있다는 점도 함께 기억해 두세요.

The King ordered that I should take care of you in the palace.

왕께서는 나에게 궁궐에서 당신을 돌보라고 명령하셨어요.

Glumdalclitch

You've taken care of me, so he thought you would be the best person for the job.

당신이 나를 계속 돌봐왔으니 당신이 이 일의 적임자일 거라고 생각하신 거지요.

Gulliver

At the southernmost tip of Africa, lies the Cape of Good Hope.

아프리카의 남쪽 끝에는 희망봉이 위치해 있다.

★　★　★

고향으로 돌아온 지 두 달 만에 새로운 항해에 나선 걸리버. 그를 태운 배가 희망봉에 도착했을 때 걸리버의 운명을 바꾸는 사건들이 연이어 일어나게 됩니다. 걸리버에게 새로운 모험을 가져다 준 희망봉의 위치를 묘사한 위 문장을 자세히 살펴보면 주어(the Cape of Good Hope)와 동사(lies)의 위치가 바뀐 것을 알 수 있는데요, 이것은 At ~ Africa처럼 장소를 나타내는 부사구를 강조하기 위해 문장 맨 앞에 쓸 때에는 주어와 동사의 위치를 바꾸어야 하기 때문이랍니다.

Can you tell me where the King and Queen live?

왕과 왕비가 살고 계신 곳을 알려주시겠습니까?

Gulliver

Yes, at the end of the main street, stands the beautiful Royal Palace.

네, 중심가의 끝에 아름다운 궁전이 있습니다.

farmer

01 [ə] 발음은 의외로 어렵다!

[ə]는 [어]와 [으] 사이의 어정쩡한 발음이랍니다~

영어에서 강세가 없는 모음이 대부분 [ə]로 발음된다는 것은 널리 알려진 사실입니다. 하지만 실제 제대로 발음하고 있을까요? 쉽게 [어]로 생각했다면 오산입니다. [ə]는 [어]와 [으]의 중간에 있는 완전히 힘을 뺀 소리랍니다. 그럼 본문 35쪽에서 [ə] 발음의 예를 찾아 볼까요?

I saw many of the lords of the court with their
(　　　) in their belts.

ribbons 어때요? [어]와 [으]의 중간 소리,
[ə]가 잡히시나요?

02 끝마무리를 잘 하세요!

-il, -ill, -eel, -eal로 끝나는 단어는 [이얼]로 마무리하세요~

'식사'를 뜻하는 meal의 발음을 단순히 [밀:]로만 알고 있었다면 이제부터는 [미얼]로 새롭게 기억하세요. 그 이유는 -il, -ill, -eel, -eal 등은 [이얼]로 발음해야 한다는 영어 발음 규칙 때문이랍니다. 그럼 본문 59쪽에서 -il, -ill, -eel, -eal의 소리 [이얼]을 확인해 볼까요?

At the end of the (   ), the nurse brought in a baby.

meal [ㄹ] 앞에 [어]를 살짝 넣어 [미얼]로 발음한다는 점, 꼭 기억해 두세요.

미얼

03 둘 중 하나는 사라져야 하는 운명!

비슷한 자음끼리 만나면 약한 자음이 사라져요.

'나는 졸렸다.(I was sleepy.)'라는 문장에 나타나는 특이한 발음 현상을 알고 있나요? I was sleepy. 는 [아이 워ㅈ 슬리피]로 발음될 것 같지만, 사실은 [ㅈ]와 [ㅅ]가 서로 충돌하여 약한 발음인 [ㅈ]가 사라집니다. 그래서 [아이 워 슬리피]로 발음되지요. 이렇게 비슷한 두 자음이 만나 약한 자음이 사라지는 예를 본문 62쪽에서 확인해 볼까요?

"He's quiet and gentle," (　　　). "But he has a funny way of talking!"

others said others의 [ㅈ]와 said의 [ㅅ]가 만났어요. 약한 발음인 [ㅈ]가 사라져야겠죠? [아더즈 새ㄷ]가 아니라 [아더 새ㄷ]로 발음해 주세요!

others said

04 떨어지지 말고 꼭 붙어가세요!

앞 단어의 끝 자음은 뒷 단어의 첫 모음과 연결해 발음해요.

'사랑과 전쟁'을 뜻하는 love and war, [러브 앤드 워]
라고 또박또박 끊어서 정확하게 발음해야 할까요? 아니에
요. [러브]와 [앤드]를 부드럽게 이어서 [러밴워]라고 발
음해야 해요. 이것은 앞 단어가 자음으로 끝날 경우 뒤에
오는 단어의 첫 모음과 연결해 발음해야 하기 때문인데요,
이렇게 앞 단어의 끝 자음과 뒤에 오는 단어의 첫 모음이
연결되어 발음되는 것을 연음 현상이라고 한답니다. 그럼
본문 81쪽에서 확인해 볼까요?

It reminded me how (   ) I was from my
home and family.

far away 자음 [ㄹ]과 모음 [어]가 연이어
나오고 있죠? [파르 어웨이]가 아니라
[파러웨이]로 자연스럽게 발음해 주세요.

1장 │ 소인국 릴리푸트 여행

p.16~17 내 이름은 레무얼 걸리버. 의사다. 나는 항상 진정한 모험을 즐겼다. 그래서 '앤털로프' 호의 선상 의사 직을 택했다.

1699년 5월 4일 '앤털로프' 호는 브리스틀 항구를 떠났다. 동인도 제도로 가는 배였다. 여러 주 동안 바다는 잔잔했고, 우리는 순풍을 타고 안전하게 항해했다. 그러나 목적지에 도착하기 전에 강한 바람이 우리 배를 엉뚱한 방향으로 몰고 갔다. 배는 바위에 부딪쳐 부서졌다. 우리는 모두 바다에 빠졌다. 그러나 나는 침몰한 배에서 나온 둥근 통에 매달렸다.

새벽이 밝아왔을 때 나는 살아남은 사람들을 찾아 이리저리 둘러보았다. 그러나 나 혼자였다! 멀리 육지가 보였고 나는 그곳을 향해 헤엄쳐 갔다.

p.18~19 그 섬에 도착했을 때 나는 기진맥진해 있었다. 나는 간신히 몸을 모래 위로 끌어올렸다. 그런 다음 쉬려고 등을 땅에 붙이고 누웠다. 나는 곧 잠이 들었다. 내가 잠에서 깨어났을 때 해가 머리 위에서 비추고 있었다.

'여러 시간 동안 잠을 잔 게 틀림없군. 생존자가 더 있는지 찾아 봐야겠어.'

그러나 내가 일어서려고 했지만 다리를 움직일 수가 없었다. 몸을 일으켜 세우려고 했지만 팔을 들어올릴 수가 없었다.

"도대체 나에게 무슨 일이 일어난 거야!" 나는 울부짖었다.

p.20~21 나는 고개를 들었다. 그리고 내가 본 것에 큰 충격을 받았다! 몸 전체가 땅에 단단히 묶여 있었다. 갑자기 수백 개의 아주 작은, 개미 같은 생물체들이 내 두 다리 위로 모여들었다.

나는 "아, 안 돼, 산 채로 잡아 먹힐 거야! 누가 나 좀 도와 줘요!"라고 소리를 질렀다. 나는 눈을 감았다. 다시 눈을 떴을 때 이상하게 생긴 작은 사람이 내 가슴 위에 서 있었다. 키가 겨우 15센티미터 정도밖에 되지 않았다.

"누구요? 그리고 왜 내가 묶여 있는 겁니까?" 나는 소리쳤다.

다른 작은 사람들은 나의 큰 목소리에 겁을 집어 먹고는 달아났다. 하지만 이내 되

돌아왔다. 좀 전의 그 사람이 내 턱 위로 올라와서는 내 눈을 응시했다.

그는 소리쳤다. "하이키나 데굴! 하이키나 데굴!"

하지만 난 그가 무슨 말을 하는지 알아들을 수가 없었다. 그래서 나를 묶고 있는 줄을 잡아당겼다. 결국 나는 한 손을 풀 수 있었다. 그 작은 사람을 잡으려고 하자, 그는 도망쳤다!

"톨고 포낙!" 그는 소리쳤다.

그러자 나는 수백 개의 작은 화살에 맞고 말았다.

"아야, 아프잖아!" 나는 소리를 질렀다.

다행히 나는 그 화살들을 뽑을 수 있었다. 그런 다음 나는 얌전히 누워서 도망칠 궁리를 하기로 했다.

p.22~23 내가 더 이상 버둥거리지 않는 것을 보자, 그 작은 사람들은 내 근처에 탑을 만들었다. 그러자 중요하게 보이는 사람이 그곳으로 올라갔다. 그는 큰 목소리로 아주 이상한 언어를 말하기 시작했다! 귀에 익은 유일한 단어는 릴리푸트였다.

나는 '아마도 릴리푸트 나라인가 보다. 이 사람들은 착해 보이는군. 배고픈 시늉을 하면 내게 먹을 것을 줄지도 몰라.'라고 생각했다.

그래서 나는 입을 가리킨 후 배를 문질렀다.

곧 그들은 나에게 작은 통닭과 작은 구운 양고기, 작은 빵 덩어리들이 가득 찬 수백 개의 바구니를 가져왔다. 그리고 작은 포도주 병 수백 개를 작은 손수레로 가지고 왔다. 내가 충분히 먹고 마시는 데 여러 시간이 걸렸다. 그러나 나는 포도주에 수면제가 들어 있다는 사실을 알지 못했다. 나는 곧 다시 깊은 잠에 빠져들었다.

p.24~25 내가 잠든 동안 릴리푸트 사람들은 나무로 된 커다란 수레를 만들었다. 22개의 바퀴가 달려 있었다. 그들은 기중기와 도르래를 이용해 나를 그 위에 올렸다. 그런 다음 커다란 말 1500마리가 그 수레를 한 오래된 교회로 끌고 갔다. 수레가 멈춰서자 나는 깨어났다.

교회의 문은 높이가 1미터 20센티, 넓이는 60센티미터 정도 되었다. 그래서 내가 손과 무릎을 땅에 대고 기면 그 교회에 쉽게 들어갈 수 있을 것처럼 보였다. 그러나 난 여전히 그들의 포로였다! 쇠사슬 91개가 자물쇠 36개와 함께 나의 왼발에 채워져 있었다.

내가 도망치지 못하리라는 확신이 서자, 그들은 나를 묶었던 줄을 끊어 주었다. 사슬은 2미터 가까이 되었기 때문에 나는 일어설 수 있

었다. 수천 명의 소인들이 나를 보러 와 있었다.

그들은 나의 큰 덩치와 큰 키를 보고는 깜짝 놀랐다. 그들 중 많은 이들은 겁에 질려 달아나기까지 했다. 나는 작은 원을 그리며 걸을 수 있었지만, 너무나도 지쳐있었고 기분도 울적했다. 그래서 교회로 들어가 쉬었다.

2장 | 릴리푸트에서의 생활

p.28~29 다음날 아침, 나는 교회에서 나와 사방을 둘러보았다. 릴리푸트라는 나라는 아주 작은 정원처럼 보였다. 밀과 옥수수 밭이 마을을 에워싸고 있었다. 멀리 숲이 빽빽한 곳도 보였다. 가장 큰 나무들도 기껏 210센티미터밖에 안 되었다! 교회 건너편에는 소인국치고는 아주 큰 작은 집이 있었다. 왕과 몇몇 대신들이 그 집 지붕에 모여 있었다.

나는 생각했다. '나를 지켜보고 있군. 무슨 계획을 세우고 있는지 궁금한걸.'

잠시 뒤 왕이 나를 찾아왔다. 나는 내가 알고 있는 모든 언어로 그에게 말을 걸어 보았지만, 우리는 서로 한마디도 알아 들을 수가 없었다.

왕은 신하들에게 릴리푸트의 6백 개의 매트리스를 이용하여 나에게 잠자리를 만들어 주라고 명령했다. 먹을 것과 마실 것도 날마다 전국의 모든 마을에서 나에게 제공될 것이라고 했다. 3백 명의 재봉사들에게 나에게 맞는 새로운 옷 한 벌을 지어주라고 시켰다. 또 여섯 명의 학자를 지명하여 나에게 그 나라 말을 가르치도록 했다.

p.30~31 3주쯤 지나서 나는 그 나라 말을 할 수 있게 되었다. 언어 수업을 받는 동안 왕은 나를 자주 방문하였다. 나는 왕에게 자유롭게 해달라고 계속 간청했다.

그러면 그는 항상 다음과 같이 대답했다. "인내심을 가지시오. 이 문제는 대신들과 의논을 해보리다! 하지만, 당신은 무기를 가지고 있을지도 모르지 않소. 내 군사들이 당신 몸을 수색해 봐야겠소!"

나는 이렇게 소리쳤다. "제 몸을 수색해 보십시오, 폐하. 저는 숨기고 있는 것이 아무 것도 없습니다!"

다음날, 왕이 나를 보러 왔다. 그는 3천 명의 군사를 대동하고 있었다. 두 명의 검사관이 내 주머니를 조사했다. 그들이 발견한 물건은 왕 앞에 놓여졌다.

내가 은으로 된 담뱃갑을 열자, 가루 때문에 왕은 심하게 재채기를 했다. 거의 날아갈 뻔했다! 그는 나의 회중시계와 주머니칼들을 보았다.

하지만 왕은 검에 각별한 관심을 보였다! 칼날이 강한 햇빛에 반사되자, 군대는 놀라서 비명을 질렀다.

"용기를 가져라!" 왕은 소리쳤다.

p.32~33 "이것은 무엇인가?" 왕이 나의 권총을 보더니 물었다.

나는 설명해 주려고 했지만, 그는 이해하지 못하는 듯했다.

나는 "놀라지 마십시오."라고 말하고 총을 장전한 다음 허공에 대고 발사했다. 군대는 놀라서 쓰러졌다! 하지만 왕은 한동안 가만히 서 있었다. 아마도 폭발음에 귀가 먹은 것 같았다!

그는 마침내 이렇게 말했다. "자네 무기는 내가 가지고 있겠네. 하지만 나머지 물건들은 가지고 있어도 좋네!"

그런 다음 그는 궁궐로 돌아갔다.

p.34~35 어느 날, 왕은 줄타기 곡예사들을 불러 나를 대접했다. 그들은 지상에서 약 30센티미터 위에 가느다란 줄을 걸쳐 놓고 곡예를 했다. 높은 관직을 얻고 싶은 사람들은 이 줄 위에서 뛰고 춤을 춰야 한다. 그리고 실수 없이 가장 높이 뛴 사람이 최고의 관직을 얻는다.

그 다음 나는 또 하나의 묘기를 관람했다. 두 사람이 각각 막대기 끝을 들었다. 그 막대기는 위로 올라갔다 내려갔다 했다. 참가자들은 계속해서 막대기를 뛰어넘기도 하고 그 밑을 기어가야 했다. 가장 오랫동안 뛰어넘거나 기어가는 사람이 우승자이고, 그에게는 파란색 리본이 수여된다. 2등과 3등에게는 빨간색 리본과 초록색 리본이 주어진다. 나는 허리춤에 리본을 찬 많은 궁정 대신들을 볼 수 있었다.

p.36~37 몇 주가 지난 후 왕은 나의 사슬을 풀어주는 데 동의했다. 그러나 나는 자유에 대한 대가로 다음과 같은 명령을 따라야 했다.

- 허락 없이 릴리푸트를 떠나지 않는다.
- 수도를 방문하고 싶을 때는 두 시간 전에 미리 알린다.
- 걸어다닐 때는 큰 길로만 다니고 밭이나 정원으로는 다니지 않는다.

- 릴리푸트의 백성이나 집, 동물을 밟지 않도록 특별히 주의한다.
- 릴리푸트를 노리고 있는 적들을 대항하는 데 협력한다.

나는 그들의 조건에 모두 동의했다. 호위병은 나를 묶고 있던 사슬을 풀어 주었고, 나는 마침내 자유의 몸이 되었다! 나는 그 후 며칠 동안 릴리푸트 섬을 돌아다녔다!

3장 | 릴리푸트와 블레푸스쿠 왕국의 갈등

`p.40~41` 어느 날, 왕은 나에게 소인국 블레푸스쿠 왕국 이야기를 들려주었다.

"그들이 우리나라를 공격할 준비가 다 된 것 같소."

"이유가 뭡니까?" 내가 물었다.

"오래 전, 우리는 모두 릴리푸트 왕국 사람들이었소. 나의 할아버지께서 어릴 적에 일어난 일이오. 우리는 항상 삶은 달걀을 둥근 쪽을 깨서 먹었소. 그런데 어느 날, 할아버지께서는 삶은 달걀 껍질에 손가락을 다치셨지. 그러자 증조할아버지께서는 백성들에게 달걀을 끝이 뾰족한 쪽을 깨서 먹으라는 명령을 내리셨다네. 우리 백성 중 일부는 이에 반발했어! 그래서 이들은 블레푸스쿠 섬으로 추방되었지."

"하지만 설마 그게 전쟁을 하는 이유는 아니겠죠?" 나는 물었다.

"우리 릴리푸트 왕국 백성들에게 이는 아주 중요한 문제라네! 이 문제로 양국의 백성 수천 명이 목숨을 잃었네. 적의 침략을 방어할 수 있도록 자네가 우리를 도와줘야겠어!"

`p.42~43` 그 후 며칠 동안 나는 블레푸스쿠 왕국의 지도를 연구했다. 내가 가진 망원경으로 그들의 항구에 50척의 배가 정박해 있는 것이 보였다. 나는 마침내 계획을 세웠다.

"갈고리 50개와 밧줄 50가닥이 필요합니다." 나는 왕에게 말했다.

"즉시 준비하라고 하겠네!" 왕이 소리쳤다.

그는 신하를 보내 그것들을 가져오게 했다. 그러자 나는 바다를 건너 블레푸스쿠까지 갔다. 군데군데 물이 턱까지 차오르기는 했지만 별 어려움 없이 항구에 도착할 수 있었다. 블레푸스쿠 사람들은 나를 난폭한 거인으로 생각했다! 그래서 도망치더니 언덕에 숨어버렸다. 나는 갈고리와 밧줄을 그들의 배에 묶고는 릴리푸트까지 끌고 왔다.

p.44~45 왕은 아주 흡족해했다. 그러나 그는 나에게서 더 많은 것을 원했다.

"돌아가서 나머지 함대까지 모두 격파하게. 그들을 다시 지배해야겠어. 이제 그들도 달걀을 뾰족한 부분을 깨서 먹게 될 거야!"

"저는 폐하의 부당한 요구에 응할 수 없습니다!" 나는 이렇게 외쳤다.

이 때문에 왕은 화가 났다. 3주 동안 나에게 말도 하지 않았다.

그러던 어느 날 블레푸스쿠 왕국의 사절단이 릴리푸트 왕국에 도착했다. 그들은 릴리푸트 왕과 평화조약을 체결하기 위해 왔다. 그들은 내가 그들 나라의 함대를 모두 부수라는 왕의 요구를 거절한 것을 알고 있었다. 그들은 나에게 감사의 뜻을 전했고, 나를 블레푸스쿠 왕국으로 초대했다. 그러나 릴리푸트 왕국 사람들은 이 초대를 달가워하지 않았다.

릴리푸트의 대신 중 몇몇은 나를 싫어했지만, 그 중에는 좋은 친구도 한 명 있었다. 어느 날 밤 늦게 그가 나를 찾아와 말했다.

"몇몇 대신들이 당신을 반역죄로 기소했어요!"

"뭐라구요!" 나는 화가 나서 소리쳤다.

"쉿! 그러나 왕은 자애로운 분이십니다. 당신은 처형되지 않을 것입니다. 왕께서는 당신의 시력을 없애는 것이 적절한 처벌이라고 하셨어요."

p.46~47 나는 소지품들을 모두 챙겨 바다를 건너 블레푸스쿠 왕국으로 갔다. 블레푸스쿠 왕과 백성들은 나를 보더니 무척 기뻐했다. 그러나 나는 릴리푸트가 블레푸스쿠를 공격하지 않을까 걱정이 되었다.

며칠 뒤, 나는 블레푸스쿠의 동북쪽 해안에서 조금 떨어진 곳에서 보트 한 척을 발견했다. 조금 손상되기는 했지만 내가 타기에 적당한 크기였다.

나는 '지나가던 배에서 풀려난 게 틀림없어. 이제 집으로 갈 수 있겠다!' 라고 생각했다.

나는 보트에 밧줄을 묶어 해안으로 끌고 왔다. 블레푸스쿠 왕은 사람들을 시켜 그 보트를 고치게 했다. 그런 다음 항해 동안 내가 먹을 수 있는 고기와 빵을 주었다. 또한 영국으로 가지고 갈 수 있도록 조그만 살아있는 동물들도 주었다.

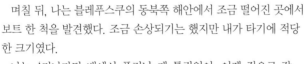

p.48~49 1701년 9월 24일, 나는 블레

푸스쿠를 떠났다. 집으로 돌아갈 수 있는 길을 찾기를 희망하면서. 다음 날 일출 직후, 나는 아주 커다란 범선을 발견했다. 망원경으로 살펴보았다. 영국 배였다!

그들이 나를 태워주었을 때 어찌나 흥분되었는지. 나는 선장에게 소인국에서 겪은 이야기를 들려 주었다. 그러나 그는 내가 미쳤다고 생각했다. 그래서 나는 주머니 속에 산 채로 넣어 가지고 온 작은 동물들을 그에게 보여 주었다. 그제서야 그는 내 말을 믿었다!

1702년 4월 13일 나는 무사히 영국에 도착했다. 아내와 아이들을 다시 보게 된 것은 너무나 멋진 일이었다. 몇 주 동안 나는 집에서 지내는 것이 행복했다. 그러나 곧 바다에서의 삶이 그리워졌고, 또 배를 타고 싶었다.

기회는 두 달 뒤에 찾아왔다. 아내와 아이들은 화를 냈다. 그들은 내가 다시 그들 곁을 떠나는 것을 말렸다. 그러나 나는 이미 마음을 굳혔다. 1702년 6월 20일, 나는 '어드벤처'호를 타고 항해를 시작했다.

4장 | 거인국 브로브딩나그 항해

p.52~53 몇 달 동안 항해는 순조로웠다. 아프리카의 최남단에는 희망봉이 있다. 우리는 물을 구하러 그곳에 배를 정박했다. 우리의 운명이 바뀐 것은 바로 그때였다! '어드벤처' 호에 물이 새어 들어오기 시작했고, 선장은 병이 났다. 그래서 우리는 겨울 동안 그곳에 머물러야 했다!

1703년 3월 하순, 우리는 아프리카를 출발하여 마다가스카르 해협으로 향했다. 그러나 사나운 폭풍우가 몰려와 우리 배는 항로를 벗어나게 되었다. 그리는 희망을 잃은 채 떠돌았다.

마침내 6월 16일, 우리는 육지를 발견했다. 우리 배의 선장은 몇몇 사람을 보내 음식과 물을 구하게 했다. 나도 그들과 함께 보트를 타고 갔다. 처음에 우리는 거기서 사람의 흔적을 발견하지 못했다. 선원들이 내륙으로 들어가는 동안 나는 해안가를 따라 탐험할 생각이었다. 나는 아무것도 발견하지 못했으므로 보트로 되돌아갔다.

p.54~55 그러나 나는 선원들이 배로 돌아가기 위해 빠른 동작으로 노를 젓는 모습을 보고 겁에 질렸다. 그들에게 나를 태우러 돌아오라고 소리를 지르려다 그만두고 말았다. 거대한 남자 거인이 그들을 뒤쫓고 있었던 것이다! 그는 산만큼 컸다. 보폭이 적어도 910센티미터가 넘었다. 그리고 한 손에는 커다란 낫을 들고 있었다!

그때, 거인 여섯 명이 더 내 쪽으로 달려왔다. 그래서 나는 근처의 옥수수밭에 숨었다. 그들이 이리저리 나를 찾는 소리가 들렸다. 갑자기 내 머리 위로 거대한 발 하나가 보였다!

나는 생각했다. '아, 안 돼! 이러다 죽겠구나!'

"거기 서요!" 나는 목청껏 소리를 질렀다.

거인은 자신의 발을 살포시 내려놓았다. 그는 한동안 나를 자세히 쳐다보았다. 그러더니 몸을 굽혀 조심스럽게 나를 집어 올렸다. 나는 겁에 질려 꼼짝도 않고 가만히 있었다.

p.56~57 거인이 화가 나거나 나를 떨어뜨리거나 하는 일이 일어나기를 원치 않았기 때문이다. 나는 땅에서 18미터 정도 떨어져 있었다!

그는 나를 조심스럽게 자신의 주머니에 넣고 주인에게 달려갔다. 일하던 농장 일꾼들이 모두 모여 나를 살펴보았다. 나는 그들과 대화를 시도해 보았으나, 그들은 이해하지 못했다. 그래서 나는 일어서서 모자를 벗고 허리를 굽혀 인사했다. 그들은 내가 아주 웃긴다고 생각했던 모양이다! 그 주인 농부는 나를 손수건에 감싸더니 집으로 데리고 갔다.

그러나 그의 아내는 나를 보자 비명을 질렀다. 나를 거미로 생각한 것이다. 곧 점심시간이 되었다. 농부의 아내는 나에게 빵 부스러기와 고기 조각을 주었다. 나는 가지고 다니던 조그만 나이프와 포크로 먹기 시작했다. 그 집 가족은 모두 식탁에 둘러앉아 즐겁게 나를 관찰하였다.

p.58~59 갑자기 뒤에서 이상한 소리가 들렸다. 돌아보니 커다란 고양이가 허기진 모습으로 나를 쳐다보고 있었다. 덩치가 영국 소의 세 배는 되어 보였다.

나는 '저런 고양이 따위는 무섭지 않아! 나를 해치지는 않을 거야!'라고 생각했다.

나는 가슴을 부풀리며 고양이 앞을 서너 번 왔다 갔다 했다. 그러자 곧 고양이는 겁을 집어먹었다! 고양이는 농부의 아내 옆에 조용히 앉았다.

식사가 끝날 무렵 유모가 아기를 안고 들어왔다. 아기는 내가 먹을 거라고 생각했던 모양이다. 나를 움켜쥐더니 다른 아기들처럼 곧 내 머리를 자기 입 속으로 가져갔다.

"꺼내 줘! 꺼내 달란 말이야!" 나는 소리를 질렀다.

아기는 겁이 나서 나를 떨어뜨리고 말았다. 아기의 엄마가 앞치마로 나를 안전하게 받아 주었다. 그런 다음 그녀는 손수건으로 나를 싸서 자신의 침대에 눕혔다. 엄청난 하루를 겪은 탓에 나는 피곤해서 깊은 잠에 빠지고 말았다.

p.60~61 몇 시간 뒤 나는 깨어났다. 무언가 내 발치에서 냄새를 맡고 있었다. 내가 몸을 일으키는 순간 두 마리의 거대한 시커먼 쥐를 보고는 공포에 질리고 말았다. 쥐들은 개만큼이나 컸다! 나는 벨트에 찬 검을 빼 들고는 쥐들을 공격했다. 한 마리는 겨우 죽였지만, 나머지 한 마리는 도망가고 말았다.

농부의 아내가 시끄러운 소리를 듣고는 방 안으로 뛰어 들어왔다. 그녀는 쥐의 핏자국을 보고는 비명을 질렀다! 하지만 내가 아무런 해도 입지 않았다는 것을 보여주자 기뻐했다. 그녀는 죽은 쥐를 창 밖으로 던지고 핏자국을 닦았다.

농부에게는 아홉 살 난 딸이 있었다. 딸은 나에게 옷과 자그마한 침대를 만들어 주었다. 그리고 나에게 그 나라 말도 가르쳐 주었다. 며칠 뒤 나는 그 나라 말을 썩 잘 할 수 있게 되었다. 그녀는 나를 돌봐 주었으며, 종종 위험에 처한 나를 구해 주기도 했다. 그래서 나는 그녀를 '작은 보모'를 뜻하는 글럼달클리치라고 불렀다.

p.62~63 나는 거인국 브로브딩나그에 있다는 것을 알게 되었다. 곧 모든 주민들이 나에 대한 이야기를 들었다.

"우리처럼 다리가 두개래. 하지만 정말 정말 작아!"라고 말하기도 했다.

"조용하고 아주 신사답다는데. 하지만 말하는 게 정말 웃겨!"라고 말하는 사람도 있다. 모두가 나를 보고 싶어했다.

농부는 내가 공연을 할 때마다 사람들에게서 돈을 받았다. 나는 이런저런 말을 하고 재주넘기를 하고 춤을 추고 노래를 불렀다. 그러나 나는 매일 반복되는 일에 지치고 싫증이 났다.

5장 │ 걸리버, 왕과 왕비를 만나다

p.68~69 어느 날 브로브딩나그의 왕비가 사람을 보내 나를 궁궐로 데려오게 했다.

"걸리버 박사님, 당신은 어디서 오셨나요?" 왕비가 물었다.

"영국에서 왔습니다." 내가 대답했다.

"많은 곳을 여행하셨습니까?"

"네, 저는 많은 모험을 했습니다! 아프리카, 아메리카, 남태평양에 갔습니다!"

"궁궐에서 살고 싶으신가요?"

"네, 왕비 마마!"

나는 도망칠 수 있을 때까지 궁궐이 더 안전할 것으로 생각했다. 왕비는 나를 데리고 왕을 만나러 갔다.

왕은 의사와 학자, 철학자를 불러 나를 조사하게 했다. 그들은 나를 조사한 다음 많은 질문을 했다. 마침내 내가 특이하다는 것을 알고는 만족해했다. 왕은 글럼달클리치에게 나를 돌보라고 명령했다.

p.70~71 내가 들어가 살 수 있는, 가구가 갖춰진 인형의 집이 만들어졌다. 문에는 쥐와 생쥐가 들어오지 못하도록 자물쇠도 달았다. 왕비는 나를 무척 좋아했다. 그래서 내가 없으면 식사도 하지 않았다. 그래서 그녀는 나를 위해 따로 식탁과 의자, 은식기들을 만들도록 했다. 그래서 식사 때마다 나는 커다란 식탁 위 그녀의 왼쪽 팔꿈치 근처에 앉았다.

왕비는 자신을 즐겁게 해 주는 난쟁이를 두고 있었다. 그러나 그는 나의 다섯 배는 되었다. 아무도 보고 있지 않을 때면 나를 크림이나 수프에 빠뜨리곤 했다! 내가 헤엄을 잘 치는 것이 얼마나 다행이었는지, 그러지 않았더라면 익사했을 것이다. 난쟁이는 파리를 잡아서 내 코 바로 밑으로 날려 보내는 것을 좋아했다. 하지만 나도 검으로 파리를 죽이는 데 능숙해지게 되었다.

p.72~73 어느 날 오후, 나는 열어 놓은 창문 가에 앉아 있었다. 맛있는 케이크 한 조각을 먹고 있었다. 갑자기 참새만큼이나 큰 스무 마리의 말벌이 날아들었다! 말벌들은 내 손에 든 케이크에 덤벼들더니 나에게 침을 쏘려고 했다! 나는 검으로 네 마리를 죽였지만 나머지는 도망갔다. 나는 재빨리 창문을 닫은 다음 죽은 말벌에게서 침을 뽑았다. 침은 4센티미터 정도였으며 아주 뾰족했다! 나는 조심스럽게 그것들을 쌌다. 여행 기념품으로 영국에 가져가고 싶었던 것이다.

브로브딩나그의 수도는 로르브룰그라드였다. 나는 종종 글럼달클리치와 함께 그곳에 가곤 했다. 아주 더러운 곳이어서 나는 이곳이 싫었다. 그곳에는 항상 나를 이리저리 찔러보고 싶어하는 거지떼가 있었다.

어느 날은 글럼달클리치가 나를 궁궐의 정원에 내버려 두고 왕비의 귀부인들과 산책을 나갔다. 갑자기 정원사의 개가 나타나더니 나를 입으로 들어 올렸다. 그러더니 곧장 주인에게 달려가서 나를 그의 발치에 살짝 떨어뜨렸다. 다행히 그때 나는 다치지 않았다. 정원사는 내가 누군지 알고 있었으므로 나를 글럼달클리치에게 데려다 주었다. 이 일이 있은 후 글럼달클리치는 다시는 나를 혼자 내버려 두지 않겠다고 약속했다.

p.74~75 또 하나 기억나는 일은 어느 날 아침 내가 나
의 작은 집 안에서 책을 읽고 있을 때였다. 나는 창문가
에서 커다란 털북숭이 얼굴을 보고는 기겁을 했다. 그것
은 원숭이였는데 코끼리만큼이나 컸다! 원숭이는 나
를 부드럽게 안더니 아래 위로 살살 흔들어댔다. 그러
고는 내 입 속에 음식물을 쑤셔 넣으려고 했다.

"음, 역겨워!" 나는 소리를 질렀다.

나는 기침을 하고 구역질 나는 음식물을 뱉었다. 갑자기 엄청난 비명소리가 들렸다.

"내려놔!" 글럼달클리치가 소리쳤다. "내려놔, 이 못된 원숭이!"

소란을 듣고 하인들이 사방에서 달려왔다. 그러나 원숭이는 나를 궁궐 지붕으로 데
리고 갔다. 하인들이 나를 구하기 위해 올라왔다.

원숭이는 사람들을 보더니 나를 떨어뜨렸다! 나는 지붕을 타고 미끄러지다 쿵 소리
와 함께 홈통에 떨어졌다! 다행히 시종 하나가 기어 올라와 나를 안전한 곳으로 옮겨
주었다. 나는 이 주 동안 상처를 치료하며 누워 있어야 했다.

p.76~77 왕은 종종 나에게 영국 사람들과 영국의 집, 영국 정치에 대해 이야기해 달
라고 했다.

"당신들을 다스리는 왕족이 있는가?" 왕이 물었다.

"우리나라에도 왕이 있긴 있습니다만 법을 만들지는 않습니다. 정부가 그 일을 합
니다." 나는 대답했다.

"더 말해 보시오."

"정부는 또한 영국이 어느 나라와 싸울지 어느 나라를 침략할지 결정합니다."

"하지만 당신네 나라가 전쟁을 하거나, 당신네 것이 아닌 땅을 빼앗는 이유가 무엇
이오?"

"영국의 부를 증진시키기 위해서입니다! 영국은 싸울 무기가 많습니다. 영국은 항
상 이깁니다!"

왕은 눈을 감더니 말을 하지 않았다. 나는 왕이 잠든 게 아닌가 걱정되었다. 그래서
신나게 떠들기 시작했다.

"화약 만드는 법을 보여드릴까요?" 내가 말했다.

"하지만, 왜 내게 무기와 화약이 필요하오? 여기는 평화로운 나라요. 전쟁을 하는
것보다는 곡식을 늘리는 것이 우리에겐 더 중요하오. 우리 국민들은 정당한 대접을 받

고 있소. 아무도 남의 물건을 훔치거나 남을 공격하지 않소. 우리는 지금 이대로 아주 행복하오!"

6장 | 브로브딩나그 탈출

p.80~81 어느 여름날, 글럼달클리치는 나를 바닷가로 데려가기로 결정했다. 그녀는 나를 작은 여행용 상자에 넣고 바다를 향해 출발했다. 우리가 해변에 도착했을 때, 나는 어린 시종의 손에 맡겨졌다. 그는 상자를 바위에 기대 놓았다.

나는 바다를 건너다 보며 큰 슬픔에 빠졌다. 집과 가족으로부터 얼마나 멀리 떨어져 있는지 생각났기 때문이다. 잠시 후 나는 잠이 들었다.

p.82~83 얼마 안 있어 상자가 흔들리는 것이 느껴졌다. 그리고 상자가 땅에서 들어올려졌다. 나는 이리저리 뒹굴었다!

겨우 몸을 지탱할 수 있게 되자 나는 창문을 열고 밖을 내다보았다.

"아, 이런, 거대한 독수리가 나를 낚아챘구나. 도대체 어디로 가고 있는 거야?" 나는 소리를 질렀다.

나는 도망칠 수 있는 방법을 생각해 보았다. 갑자기 커다란 새의 날갯짓 소리와 울음 소리가 들려왔다! 상자는 심하게 아래 위로 흔들렸다! 나는 독수리가 다른 새의 공격을 받고 있는 것으로 추측했다. 그 다음 상자가 빠른 속도로 추락하고 있음을 느낄 수 있었다!

"아, 안 돼! 상자를 떨어뜨렸군! 난 죽겠구나!" 나는 소리를 질렀다.

나는 충격에 대비해 단단히 준비했다. 그러나 상자는 땅에 떨어지는 대신에 엄청나게 큰 소리와 함께 바다에 떨어졌다!

p84~85 다행히 상자는 물에 떴다! 나는 창밖을 내다보았다.

"세상에. 사방이 물이군! 여기가 어디지?" 나는 중얼거렸다.

몹시 피곤했으므로 파도의 흔들림으로 곧 잠이 들었다.

몇 시간 뒤 나는 잠에서 깨어났다. 뭔가가 여행용 상자에 쓸리고 있었다. 밤이었으므로 어두워서 밖을 내다볼 수 없었다.

'오, 이런, 바위에 부딪친 게 틀림없어. 내가 바다에 빠져 죽으면 내게 무슨 일이 일어났는지 아무도 모르겠지!'

바로 그때 사람의 목소리가 들렸다. 여행용 상자가 들어올려졌다.

상자는 아주 세게 쿵 하는 소리를 내며 뭔가 딱딱한 것 위에 내려앉았다.

'해적일 거야.'라고 나는 생각했다.

그래서 나는 하얀 손수건을 막대기에 묶어 창문 밖으로 내밀었다.

"항복! 제발 해치지 마세요!" 나는 소리를 질렀다.

그러나 들리는 건 왁자지껄한 웃음소리였다. 여행용 상자가 열리는 순간, 내가 처음으로 본 것은 영국 국기였다! 나는 다시 안도감을 느꼈다!

p.86~87 "나는 토마스 윌콕스 선장이라고 하오." 우렁차고 명랑한 신사의 목소리였다. "자, 여러분, 이 남자를 도와 상자에게 나오게 합시다!"

그날 밤 나는 선장과 저녁을 같이 했다. 그는 나의 모험 이야기를 좀처럼 믿지 못했다! 그래서 나는 여행 길에 모아 두었던 몇몇 기념품들을 그에게 보여 주었다. 거기에는 벌침 네 개와 왕비로부터 받은 황금 반지가 있었다. 그리고 생쥐의 가죽으로 만든 바지도 있었다.

"곧 집으로 무사히 모셔다 드리겠습니다, 걸리버 선생님." 선장은 말했다. "지금까지 겪은 모험을 글로 써보시지요. 유명해지고 돈도 많이 버실 겁니다! 그러면 더 이상 배를 타실 필요도 없을 겁니다. 가족들도 걱정을 안 하실 거고요!"

p.88~89 1706년 6월 3일에 나는 영국으로 돌아왔다. 윌콕스 선장에게는 나를 구해준 대가로 황금 반지를 주었다. 그런 다음 마차를 타고 집으로 왔다.

나는 릴리푸트의 소인들과 브로브딩나그의 거인들을 잊을 수 없었다. 정상적인 크기의 사람들과 집들, 나무들을 보니 이상하게 보였다. 마치 외국에 와 있는 것처럼 느껴졌다! 가족들은 나를 보고 좋아했다. 나를 껴안고 키스를 퍼부었다.

"자, 여보. 이제 더 이상 모험은 하지 마세요!" 아내는 이렇게 말했다.

그러나 나는 다시 항해를 하면 얼마나 흥미진진할까 하는 생각을 하지 않을 수가 없었다!